Martin Schmidthausen

Arbeitsheft Wirtschaftslehre für berufliche Gymnasien

kompetenzorientiert & praxisnah

Merkur
Verlag Rinteln

Wirtschaftswissenschaftliche Bücherei für Schule und Praxis
Begründet von Handelsschul-Direktor Dipl.-Hdl. Friedrich Hutkap †

Verfasser:

Michael Martin
Michael Schmidthausen

Coverbild (links): Banner – www.colourbox.de
(rechts oben): #228500 – www.colourbox.de
(rechts unten): pressmaster – www.colourbox.de

* * * * *

2. Auflage 2026

Gesamtherstellung:
Merkur Verlag Rinteln Hutkap GmbH & Co. KG, 31735 Rinteln

E-Mail: info@merkur-verlag.de
lehrer-service@merkur-verlag.de
Internet: www.merkur-verlag.de

Merkur-Nr. 1351-02
ISBN 978-3-8120-1226-3

Vorwort

Das Arbeitsheft orientiert sich konsequent am **aktuellen Bildungsplan** für das Unterrichtsfach **„Wirtschaftslehre"** an **beruflichen Gymnasien** in **Baden-Württemberg.** Der neue Bildungsplan enthält einheitliche Vorgaben für folgende Profile:

- Agrarwissenschaftliche Richtung (AG)
- Biotechnologische Richtung (BTG)
- Ernährungswissenschaftliche Richtung (EG)
- Sozial- und Gesundheitswissenschaftliche Richtung (SGG)
- Technische Richtung (TG)

Die Bildungsplaneinheiten werden in Form von **situativen Aufgabenstellungen** konkretisiert. Das Heft vertieft auf diese Weise den Gedanken der Kompetenzorientierung (situationsbezogen – problemorientiert – kompetenzfördernd) und dokumentiert aufgrund seines Workbook-Charakters den Kompetenzerwerb. Das Arbeitsheft eignet sich in besonderer Weise zur Vertiefung, zum individualisierten Lernen und zum Projektunterricht **(„VIP-Bereich").** Es ermöglicht einen **selbst gesteuerten, individualisierten, zeit- und ortsunabhängigen Kompetenzerwerb.**

Schulbuch Kap. x.x

Die einzelnen Abschnitte des Arbeitsheftes sind passgenau mit dem **Merkurbuch 0351** (Schulbuch „Wirtschaftslehre für berufliche Gymnasien – kompetenzorientiert & praxisnah", 2. Auflage 2026) abgestimmt. Die **Kapitelverweise** am Rande der Einstiegssituationen erleichtern die eventuell notwendige Informationsbeschaffung. Daher wäre ein **paralleler Einsatz ideal.**

Jeder Abschnitt beginnt mit einem **situationsbezogenen** und in der Regel problemorientierten Einstieg. Ausgangspunkt hierfür ist die fiktive **Ulmer Büromöbel AG,** ein Industriebetrieb, der moderne Büromöbel herstellt. Angeleitet durch die darauf folgenden Arbeitsaufträge sollen die Schülerinnen und Schüler zunächst das vorgegebene **Problem selbstständig lösen** und schließlich zu einer vertiefenden Auseinandersetzung mit den jeweiligen Themenbereichen gelangen. Ein hervorgehobenes Ziel bei der Erstellung dieses Bandes ist gewesen, **methodische Vielseitigkeit** zu gewährleisten.

Um dem Gedanken der Prozessorientierung gerecht zu werden, sollten die einzelnen Abschnitte **im Idealfall Stück für Stück** in der vorgegebenen Reihenfolge durchgearbeitet werden. Jede Situation „funktioniert" jedoch in der Regel auch für sich genommen, sodass die Situationen **bei Bedarf auch punktuell** eingesetzt werden können.

Die Entscheidung, ob die Lernsituationen in **Einzel-, Partner- oder Gruppenarbeit** bearbeitet werden, wollen wir jeder Lehrkraft gerne selbst überlassen.

An einigen Stellen fordert das Autorenteam mit seinen Arbeitsaufträgen bewusst dazu auf, „über den Tellerrand zu schauen". Im Einklang mit den Ansprüchen an einen differenzierten Unterricht sind an diesen Stellen **anspruchsvolle Transferleistungen** gefragt. Diese Arbeitsaufträge werden mit dem nebenstehenden Symbol gekennzeichnet.

Kißlegg, im Sommer 2026

Die Verfasser

Inhaltsverzeichnis

Bildungsplaneinheit 5: Unternehmensführung an den Beispielen Finanzierung und Personalwesen

Bildungsplaneinheit 6: Wirtschaftsordnung am Beispiel der Sozialen Marktwirtschaft

Bildungsplaneinheit 7: Wirtschaftspolitische Ziele und Instrumente in der Sozialen Marktwirtschaft

Bilderverzeichnis

S. 1: pressmaster - www.colourbox.de • **S. 1**: #228500 – www.colourbox.de • **S. 1**: Banner - www.colourbox.de • **S. 54**: Phovoir - www.colourbox.de • **S. 58**: www.colourbox.de • **S. 61**: Sean Locke Photography - adobe.stock.com • **S. 63**: #8125 – www.colourbox.de • **S. 65**: #224153 – www.colourbox.de • **S. 71**: George Dolgikh - www.colourbox.de • **S. 73**: Dean Drobot – www.colourbox.de • **S. 85**: Gajus – Fotolia.com • **S. 89**: #85 – www.colourbox.de • **S. 93**: Dean Drobot – www.colourbox.de • **S. 96**: Dean Drobot – www.colourbox.de • **S. 122**: Picture-Factory – Fotolia.com • **S. 126**: Picture-Factory – Fotolia.com • **S. 175**: Christian Pedant - Fotolia.com •

Die Ulmer Büromöbel AG kennenlernen

Situation:

Die Ulmer Büromöbel AG, ein Industrieunternehmen in Baden-Württemberg, produziert moderne Büromöbel. Das Unternehmen befindet sich im Ulmer Gewerbepark. Die Ulmer Büromöbel AG wendet sich mit ihren Produkten an Unternehmen sämtlicher Branchen. Privatpersonen zählen bislang kaum zu der anvisierten Zielgruppe, wenngleich mittlerweile ein Onlineshop existiert. Der Vertrieb der Büromöbel erfolgt überwiegend auf direktem Absatzweg an Kunden in ganz Deutschland. Vereinzelt werden auch exklusive Büroeinrichtungshäuser beliefert.

Die Ulmer Büromöbel AG ist seit mehreren Jahren auf dem Markt für Büromöbel eingeführt und behauptet sich dort erfolgreich gegen ihre Wettbewerber. Hervorgegangen ist die Ulmer Büromöbel AG aus der von Daniel Stein gegründeten Möbelfabrik DS Bürodesign e.K., die später unter neuem Namen in eine GmbH und dann in eine AG umgewandelt wurde.

UB Ulmer Büromöbel AG

Anschrift:
Ulmer Büromöbel AG
Industriepark 5
89073 Ulm

Telefon, Telefax und E-Mail:
Telefon: 0731 3879-0
Telefax: 0731 3879-1
E-Mail: info@ubmag.de

Bankverbindung:
Commerzbank Ulm
IBAN: DE85 6304 0053 0041 4400 18
BIC: COBADEFFXXX
Sparkasse Ulm
IBAN: DE61 6305 0000 0041 4500 75
BIC: SOLADES1ULM

Die Produkte werden nach Kundenauftrag gefertigt. Das derzeitige Produktionsprogramm umfasst insbesondere folgende Produktgruppen:

Produktgruppe I:	Schreibtische
Produktgruppe II:	Bürostühle
Produktgruppe III:	Büroschränke

Innerhalb einer Produktgruppe sind verschiedene Modelle erhältlich.

Die Produkte werden überwiegend in Serie gefertigt. Wenn vom Kunden gewünscht, werden jedoch auch Spezialanfertigungen hergestellt.

Die Zahl der Mitarbeiter hat in den vergangenen Jahren aufgrund der positiven Geschäftsentwicklung stetig zugenommen.

Zurzeit sind ca. 420 Mitarbeiter bei der Ulmer Büromöbel AG beschäftigt.

Die Ulmer Büromöbel AG ist gemäß dem Stabliniensystem aufgebaut. Der Vorstand besteht aus drei Mitgliedern.

Dem Vorstand unterstehen die vier Bereichsleiter. Diese sind den Abteilungsleitern ihrer Bereiche gegenüber weisungsbefugt, die wiederum nur ihren Mitarbeitern Weisungen erteilen dürfen. Darüber hinaus gibt es zwei Stabsabteilungen, die den Vorstand beraten. Deren Leiter sind den Bereichsleitern nicht weisungsbefugt.

Das nachfolgende Organigramm verdeutlicht die Aufbauorganisation der Ulmer Büromöbel AG.

Organigramm der Ulmer Büromöbel AG

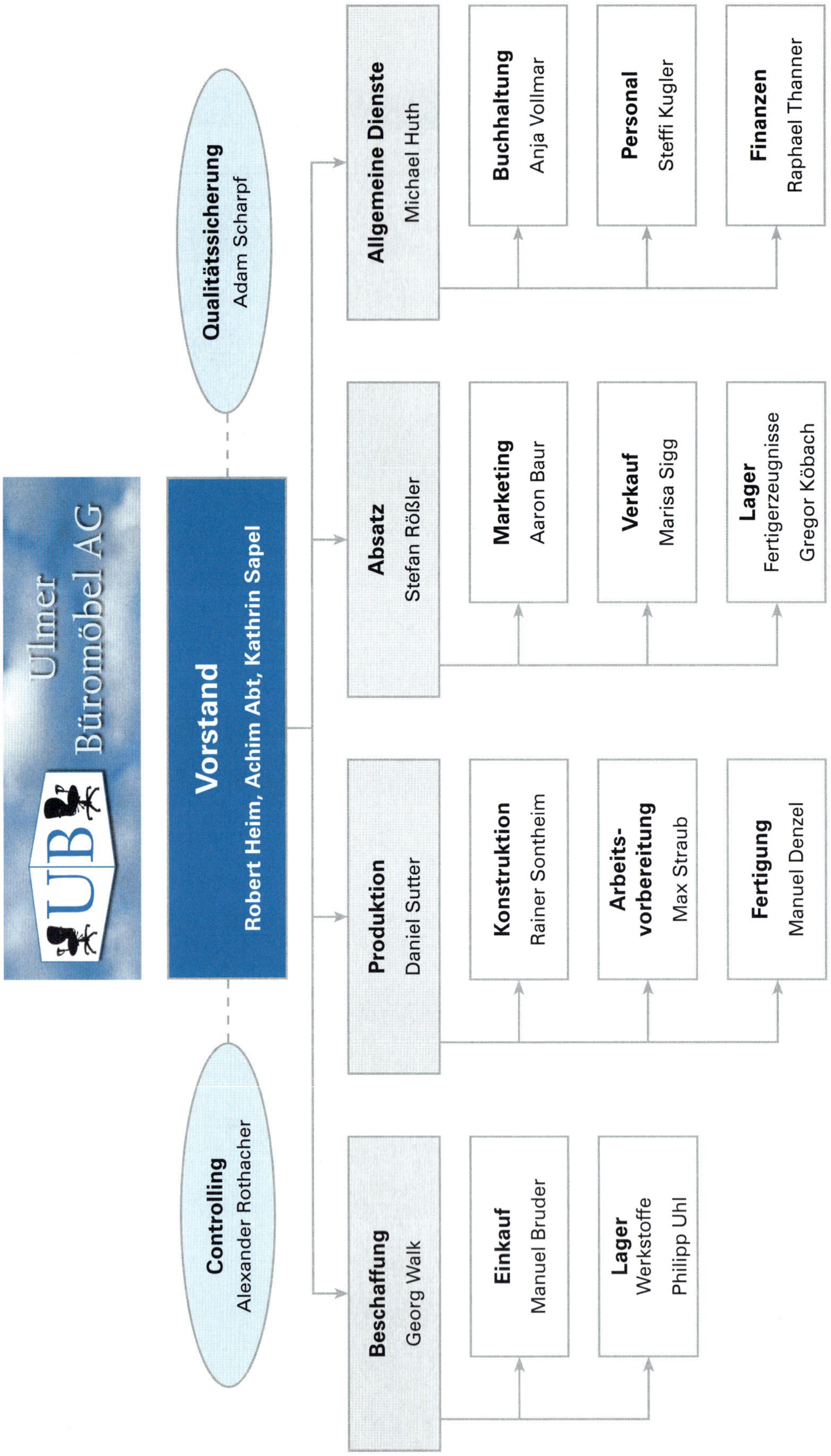

Arbeitsauftrag:

Verschaffen Sie sich einen Überblick über die Ulmer Büromöbel AG. Nutzen Sie hierzu das folgende Auswertungsformular.

Auswertungsformular

Auswertung

1. Unternehmensart: ➤ ______________________
2. Branche: ➤ ______________________
3. Produktgruppen: ➤ ______________________
   ➤ ______________________
   ➤ ______________________
4. Gesellschaftsform (Rechtsform): ➤ ______________________
5. Hervorgegangen aus: ➤ ______________________
6. Standort: ➤ ______________________
7. Verkaufsgebiet: ➤ ______________________
8. Vertriebsweg: ➤ ______________________
9. Kundenzielgruppe: ➤ ______________________
10. Fertigung: ➤ ______________________
    ____
11. Zahl der Mitarbeiter: ➤ ______________________
12. Aufbauorganisation: ➤ ______________________
    - ________ Vorstand
    - ________ Bereiche
    - ________ Abteilungen
    - ________ Stabsabteilungen mit ______________ Funktion

2 Merkur-Nr. 1351

Schulbuch Kap. 1.1.1

1 Entscheidungen nach dem ökonomischen Prinzip treffen

Situation:

Der Vorstand der Ulmer Büromöbel AG beabsichtigt, in neue Maschinen für die Herstellung von Büromöbeln zu investieren. Diesbezüglich kommt es zu einem Gespräch zwischen dem Vorstand Herrn Heim und dem Produktionsleiter Herrn Sutter.

Herr Heim: Guten Morgen, Herr Sutter, ich kann Ihnen eine erfreuliche Nachricht mitteilen. Ihre Ideen, die Produktion effizienter zu gestalten, werden nun umgesetzt. Die Vorstandschaft hat entschieden, die dafür benötigten neuen Maschinen zu beschaffen.

Herr Sutter: Guten Morgen, Herr Heim, diese Nachricht freut mich. In diesem Fall können wir unsere Produktion durch den Einsatz computergestützter Fertigungsanlagen komplett miteinander vernetzen und sämtliche benötigten Informationen bereitstellen.

Herr Heim: ... Herr Sutter, was meinen Sie damit?

Herr Sutter: Naja, ich denke da an eine hochautomatisierte Fertigungsstraße, d.h., alle Maschinen sind miteinander vernetzt, tauschen Informationen aus und jeder Mitarbeiter weiß genau, wann er was zu tun hat.

Herr Heim: Hm, Sie meinen, es werden nur noch die Holzbretter in die Maschine gegeben und am Ende kommt das fertige Möbelstück heraus?

Herr Sutter: Ganz so einfach geht es leider nicht, aber die Produktionsprozesse können vereinfacht und automatisiert werden. Ich war vor Kurzem auf der Messe „Automatica" in München. Dort wurden sehr gute Lösungen angeboten.

Herr Heim: Herr Sutter, ich möchte Ihre Ansätze nicht klein reden, aber wir haben für die Investitionen nur ein Budget von 500 000,00 EUR zur Verfügung. Optimal ist es, wenn das Budget nicht komplett benötigt wird, denn wir dürfen die Kosten nicht außer Acht lassen. Da Sie bereits auf der Messe waren, kennen Sie den neusten Stand der Technik. Machen Sie sich bitte Gedanken darüber, welche Lösung für die Ulmer Büromöbel AG die optimale ist! Aber bedenken Sie bitte: Fällen Sie Ihre Entscheidungen rational!

Arbeitsaufträge:

1. Herr Sutter hat nun den Auftrag bekommen, die optimale Entscheidung zu treffen. Erläutern Sie, nach welchen ökonomischen Prinzipien Herr Sutter handeln kann!

   Hinweis: Vervollständigen Sie dazu die nachstehende Abbildung.

Möglichkeit 1:	Möglichkeit 2:

Gegebene Größe:	**Gegebene Größe:**

Gesuchte Größe:	**Gesuchte Größe:**

Erläuterung ________________-prinzip	**Erläuterung ________________-prinzip**

2. Begründen Sie, welches ökonomische Prinzip bei nachfolgenden Beispielen dargestellt wird.

2.1 Herr Sutter setzt fünf Maschinen so ein, dass an einem Tag möglichst viele Bürostühle hergestellt werden können.

2.2 Die Ulmer Büromöbel AG will den Rohstoff Holz so günstig wie möglich einkaufen.

2.3 Die Ulmer Büromöbel AG möchte ein neues Verwaltungsgebäude bauen. Vor Vergabe der Aufträge an die einzelnen Bauunternehmen vergleicht das Unternehmen entsprechende Angebote, um das günstigste anzunehmen.

2.4 Aus einem großen fest vorgegebenen Stück Leder sollen möglichst viele Einzelteile für Bürostühle herausgestanzt werden.

2.5 Die 18-jährige Auszubildende Tina Werner möchte einen gebrauchten VW Polo (Baujahr 2018, ca. 80 000 km) kaufen. Sie vergleicht mehrere Angebote für dieses Modell und entscheidet sich für das günstigste.

____

____

2.6 Der Vorstand Herr Heim wohnt in Ulm und hat sich eine Jahreskarte für den öffentlichen Nahverkehr gekauft. Herr Heim möchte die Jahreskarte durch häufiges Fahren mit Bus und Bahn möglichst gut ausnutzen.

____

____

3. Formulieren Sie die Bedeutung des ökonomischen Prinzips in eigenen Worten!

Ökonomisches Handeln ist notwendig, weil: ______________________

____

____

____

____

4. Betrachten Sie die Ausgangssituation sowie die Ergebnisse aus Arbeitsauftrag 1.

Leiten Sie daraus die Notwendigkeit ökonomischen Handelns aus Sicht der Konsumenten und Produzenten ab.

Ökonomisches Handeln		
Prinzip	**aus Sicht der Konsumenten**	**aus Sicht der Produzenten**
Minimalprinzip		
Maximalprinzip		

Schulbuch Kap. 1.1.2

2 Volkswirtschaftliche Produktionsfaktoren voneinander abgrenzen

Situation:

Zur Produktion ihrer Möbel benötigt die Ulmer Büromöbel AG unterschiedliche Produktionsfaktoren.

In der Volkswirtschaft unterscheidet man verschiedene Arten von Produktionsfaktoren.

Arbeitsaufträge:

1. Definieren Sie den Begriff „Produktionsfaktoren" in eigenen Worten.

____

____

2. Die Volkswirtschaftslehre unterscheidet zwischen verschiedenen Produktionsfaktoren. Vervollständigen Sie nachfolgende Strukturvorlage und finden Sie jeweils zwei Beispiele aus Sicht der Ulmer Büromöbel AG.

Volkswirtschaftliche Produktionsfaktoren

- **ursprüngliche**
  - ______ — **Beispiele:**
  - ______ — **Beispiele:**
- **abgeleitete**
  - ______ — **Beispiele:**
  - ______ — **Beispiele:**

3. Erläutern Sie den Unterschied zwischen ursprünglichen und abgeleiteten Produktionsfaktoren.

➤ **Ursprüngliche Produktionsfaktoren** ____

____

➤ **Abgeleitete Produktionsfaktoren** ____

____

4. Zeigen Sie jeweils zwei Grenzen der ursprünglichen Produktionsfaktoren auf.

Ursprüngliche Produktionsfaktoren	Grenzen

5. Erläutern Sie, welche Besonderheit der Produktionsfaktor Kapital im Vergleich zu den anderen Produktionsfaktoren hat.

6. Die Bedeutung von Informationen als Produktionsfaktor nimmt zu. Um konkurrenzfähig zu bleiben, sind richtige und vor allem schnelle Entscheidungen erforderlich.

   Erläutern Sie am Beispiel der Ulmer Büromöbel AG, warum Informationen als eigenständiger Produktionsfaktor interpretiert werden können.

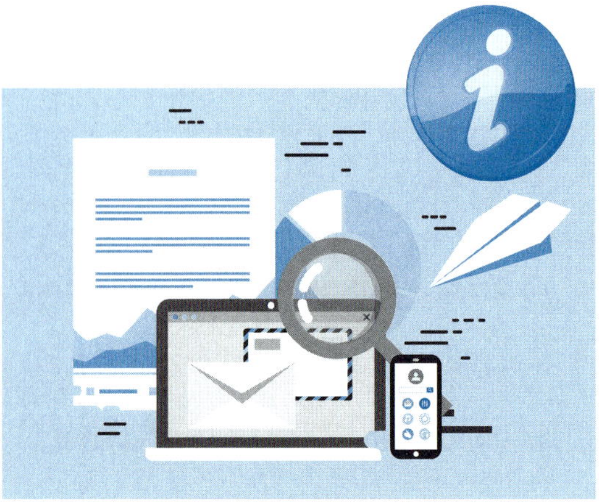

Schulbuch Kap. 1.3.2.1

3 Das Zielsystem eines Unternehmens interpretieren

Situation:

Die Chefredaktion des „MANAGER VON MORGEN“ (MVM) führt ein Interview mit Herrn Heim, dem Vorstandsvorsitzenden der Ulmer Büromöbel AG.

UB Ulmer Büromöbel AG

Erfolg kommt nicht von ungefähr

MVM: Herr Heim, Ihr neues Verwaltungsgebäude kann sich durchaus sehen lassen. Wirklich beeindruckend.

Heim: Vielen Dank, unsere Mitarbeiter sollen sich wohl fühlen. Besonderen Wert haben wir auch auf die Einrichtung von zwei behindertengerechten Arbeitsplätzen gelegt, die unseren beiden betroffenen Mitarbeitern die Arbeit wesentlich erleichtern.

MVM: Sie leiten ein Unternehmen, das viele Unternehmen mit seinen Produkten beliefert. In Ihrer Branche liefen die Geschäfte in letzter Zeit – auch konjunkturbedingt – nicht gerade glänzend. Ist es richtig, dass Sie nach einem Verlustjahr für das laufende Geschäftsjahr wieder auf einen Gewinn hoffen können?

Heim: Erfreulicherweise ist das richtig. Selbstverständlich war, ist und bleibt es unser oberstes Ziel, auf längere Sicht einen möglichst hohen Gewinn zu erzielen.

MVM: Worauf führen Sie diese positive Entwicklung zurück?

Heim: Unser Ziel war eine Kostensenkung von 5 %. Durch eine Reihe erfolgreicher Rationalisierungsmaßnahmen ist uns dies auch weitgehend gelungen. Wir arbeiten heute bedeutend wirtschaftlicher als noch vor drei Jahren. Durch den Einsatz moderner Fertigungsmaschinen war es zudem möglich, die Produktivität unseres Unternehmens zu verbessern, d.h., wir produzieren heute in der gleichen Zeit mehr Büromöbel als früher.

MVM: Reichen Ihre Überlegungen zum Thema Kostensenkung denn aus, um dem Wettbewerbsdruck standzuhalten?

Heim: Nein, in den kommenden Jahren werden wir weitere Anstrengungen unternehmen müssen. Die Konkurrenz aus Fernost ist wahrlich nicht zu unterschätzen. Wir haben uns allerdings nicht nur auf die Senkung der Kosten konzentriert, sondern auch bei unseren neu entwickelten Produkten bezüglich Qualität und Umweltschutz noch einmal zulegen können. Die Absatzentwicklung zeigt deutlich, dass wir bei unseren Kunden richtig liegen. So konnten wir z. B. im Vergleich zum Vorjahr 10 % mehr Schreibtische verkaufen. Zudem ist uns eine beträchtliche Umsatzsteigerung gelungen und wir konnten unseren alten Marktanteil, der in den letzten Jahren um 5 % zurückgegangen war, fast wieder erreichen. Nicht unerwähnt lassen möchte ich an dieser Stelle auch, dass unsere neu entwickelten Produkte auf modernen Fertigungsmaschinen hergestellt werden, die wesentlich weniger Energie verbrauchen und darüber hinaus emissionsarm arbeiten.

MVM: Sicherlich hat sich Ihr gesamter Maßnahmenkatalog auch positiv auf die Sicherung der Arbeitsplätze ausgewirkt.

Heim: Nicht nur das. Darüber hinaus sind wir immer noch in der Lage, unseren Mitarbeitern Löhne und Gehälter zu zahlen, die über dem Branchentarif liegen.

MVM: Herr Heim, wir danken Ihnen für das Gespräch.

Randnotizen
(Aufgabe 3)

Arbeitsaufträge:

1. Unterstreichen Sie die verschiedenen Unternehmensziele, die im Interview genannt werden.

2. Die im Interview genannten Unternehmensziele können drei Kategorien (A, B oder C) zugeordnet werden. Finden Sie entsprechende Oberbegriffe.

Unternehmensziele → A: ______ / B: ______ / C: ______

3. Ordnen Sie die Unternehmensziele per Randnotiz (A, B oder C) den drei Kategorien zu.

4. Erstellen Sie mithilfe der vorgegebenen Struktur eine Übersicht zum Thema Unternehmensziele.

Unternehmensziele

A: ______	B: ______	C: ______

Bildungsplaneinheit 2: Rechtliche Grundlagen wirtschaftlichen Handelns

1 Rechtsfähigkeit analysieren

Schulbuch
Kap. 2.1.1.1

Situation:

Die Vorstände der Ulmer Büromöbel AG, Robert Heim, Achim Abt und Kathrin Sapel treffen sich immer montags zum wöchentlichen Teammeeting.

Herr Heim: Wie Sie bereits mitbekommen haben, ist unser ehemaliger Vorstandskollege Daniel Stein leider am vergangenen Freitag verstorben.

Herr Abt: Das ist sehr traurig! Wir werden ihn sehr positiv in Erinnerung behalten.

Frau Sapel: Selbstverständlich werden wir im Namen der Ulmer Büromöbel AG eine Traueranzeige in der regionalen Zeitung schalten.

Herr Heim: Eine sehr gute Idee! Apropos Zeitung …

Herr Abt: Sie spielen wohl auf den kuriosen Bericht in der heutigen Ausgabe der Schwäbischen Zeitung an …

Herr Heim: Ganz genau.

Frau Sapel: Welchen Artikel meinen Sie denn?

Herr Heim zeigt Frau Sapel den Artikel in der Zeitung.

Frau Sapel: Die in dem Artikel beschriebene Person könnte unser Herr Stein sein …

Herr Abt: Es deutet Einiges darauf hin. Allerdings bin ich nicht sicher, ob das Erbe auch rechtlich nach den Vorstellungen des Verstorbenen so verteilt werden kann …

Ungewöhnliches Millionenerbe

Ulm – Vergangene Woche ist ein vermögender Mann im Alter von 81 Jahren verstorben. Als Erben setzte der alleinstehende Mann seinen 14-jährigen Enkel, die Ulmer Büromöbel AG (sein ehemaliger Arbeitgeber) und seinen Dackel Bodo ein. […]

Arbeitsaufträge:

1. Informieren Sie sich im Bürgerlichen Gesetzbuch (§§ 1, 90 a BGB) und in Ihrem Schulbuch über Rechtsfähigkeit.

   1.1 Definieren Sie Rechtsfähigkeit in einem Satz.

Definition Rechtsfähigkeit	

   1.2 Beurteilen Sie, ob der Enkel, die Ulmer Büromöbel AG und der Dackel tatsächlich erben können.

		Begründung:
14-jähriger Enkel	☐ rechtsfähig (erbfähig) ☐ nicht rechtsfähig (nicht erbfähig)	
Ulmer Büromöbel AG	☐ rechtsfähig (erbfähig) ☐ nicht rechtsfähig (nicht erbfähig)	

		Begründung:
Dackel Bodo	☐ rechtsfähig (erbfähig) ☐ nicht rechtsfähig (nicht erbfähig)	

2. Erstellen Sie eine Übersicht zur Rechtsfähigkeit mithilfe der nachfolgend dargestellten Strukturvorlage.

Hinweis:

Nutzen Sie für die Bearbeitung folgende Begrifflichkeiten:

Juristische – Bund, Länder, Städte, Universitäten – Eintragung in ein Register – Vollendung der Geburt – Aufhebung – Alle Menschen – Natürliche – Kapitalgesellschaften, Vereine, Genossenschaften – Löschung – zum Tod – öffentlichen Rechts – Privatrechts – staatlicher Verleihung per Gesetz

Wer ist rechtsfähig?

- ____________ Personen
- ____________ Personen
  - Juristische Personen des ____________
  - Juristische Personen des ____________ ____________

Beispiele			
Dauer	Von ____________ ____________ bis ____________	Von ____________ ____________ bis zur ____________	Von ____________ ____________ ____________ bis zur ____________

3. Entscheiden Sie bei nachfolgenden Beispielen, ob eine natürliche Person, eine juristische Person des Privatrechts oder eine juristische Person des öffentlichen Rechts vorliegt.

Person	Natürliche Person	Juristische Person des Privatrechts	Juristische Person des öffentlichen Rechts
Ulmer Büromöbel AG			
Stadt Karlsruhe			
VfB Stuttgart			
Robert Bosch GmbH			
Vorstand der Ulmer Büromöbel AG Robert Heim			
Universität Freiburg			

Schulbuch Kap. 2.1.1.2

2 Geschäftsfähigkeit prüfen

Situation:

Der 17-jährige Tobias Betz ist seit September Auszubildender als Industriekaufmann bei der Ulmer Büromöbel AG. Momentan ist er in der Verkaufsabteilung eingesetzt. Er hat unter anderem die Aufgabe, eingehende Kundenanfragen zu bearbeiten. Am 15. 10. 20.. liegt ihm folgende E-Mail vor:

Bestellung Bürostuhl - Nachricht (HTML)

Datei Nachricht Einfügen Optionen Text formatieren Überprüfen Adobe PDF

Senden

An... bestell-service@ubmag.de

Cc...

Betreff: Bestellung Bürostuhl

Sehr geehrte Damen und Herren,

hiermit bestelle ich den Bürostuhl „Standard“, welcher auf Ihrer Homepage zum Preis von 182,00 EUR (netto) angeboten wird.

Bitte liefern Sie den Bürostuhl an folgende Adresse:
Isabell Fischinger
Seestraße 25
88709 Meersburg

Mit freundlichen Grüßen
Isabell Fischinger

Weitere Informationen über: bestell-service@ubmag.de.

Arbeitsaufträge:

1. Nehmen Sie Stellung zur Geschäftsfähigkeit, wenn die Kundin erst 16 Jahre alt ist.

   Hinweis: Geben Sie jeweils die entsprechenden Paragrafen aus dem BGB an.

   ____
   ____
   ____
   ____
   ____

2. Beurteilen Sie, ob Isabell Fischinger die Einwilligung ihrer Eltern benötigt.

   Hinweis: Geben Sie jeweils die entsprechenden Paragrafen aus dem BGB an.

   ____
   ____
   ____
   ____
   ____

3. Tobias Betz bearbeitet die Bestellung von Isabell Fischinger und leitet sie zur endgültigen Abwicklung an die Versandabteilung weiter. Am 18. 10. 20.. wird der bestellte Bürostuhl an Isabell Fischinger per Paketdienst ausgeliefert. Die Eltern von Isabell sind über den „Alleingang" ihrer Tochter sehr verärgert und fordern umgehend in einem Telefongespräch mit Tobias Betz die Rücknahme des Bürostuhls durch die Ulmer Büromöbel AG.

   Klären Sie die Rechtslage.

   Hinweis: Geben Sie jeweils die entsprechenden Paragrafen aus dem BGB an.

4. Erläutern Sie, weshalb der Gesetzgeber die Geschäftsfähigkeit von Minderjährigen beschränkt.

5. Isabell hält ihren Eltern entgegen, dass sie ihre 50,00 EUR Taschengeld, welche sie monatlich bekommt, über vier Monate lang angespart hat und sie damit den Bürostuhl kaufen darf.

   Klären Sie die Rechtslage.

   Hinweis: Geben Sie jeweils die entsprechenden Paragrafen aus dem BGB an.

6. Einige Tage später erzählt Isabell ihrer Oma, dass sie den bestellten Bürostuhl wieder zurückschicken musste. Die Oma hat Mitleid mit ihrer Enkelin und bestellt noch am selben Tag den Bürostuhl „Standard" per Telefon bei Herrn Betz. Isabells Mutter fühlt sich allerdings hintergangen und verbietet ihrer Tochter, das Geschenk der Oma anzunehmen.

   Klären Sie die Rechtslage.

   Hinweis: Geben Sie jeweils die entsprechenden Paragrafen aus dem BGB an.

7. Marisa Sigg, die Abteilungsleiterin in der Abteilung Verkauf und aktuell für die Betreuung des Auszubildenden Tobias Betz verantwortlich, beauftragt Tobias, einen neuen Laserdrucker im Wert von 699,00 EUR für das Abteilungsbüro zu bestellen.

   Klären Sie die Rechtslage.

   Hinweis: Geben Sie jeweils die entsprechenden Paragrafen aus dem BGB an.

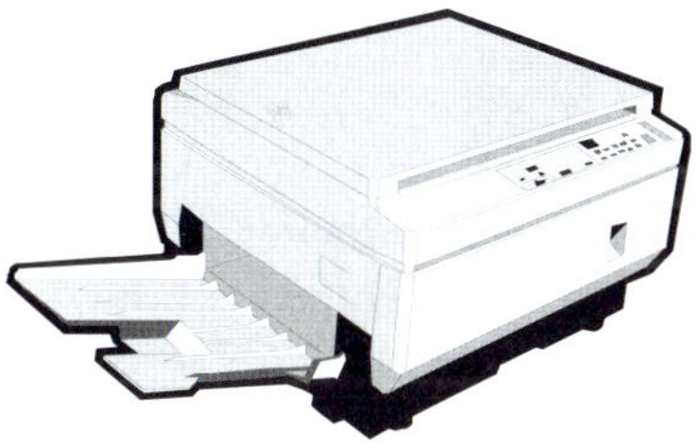

8. Erstellen Sie eine Übersicht zum Thema Geschäftsfähigkeit mithilfe der nachfolgend dargestellten Strukturvorlage.

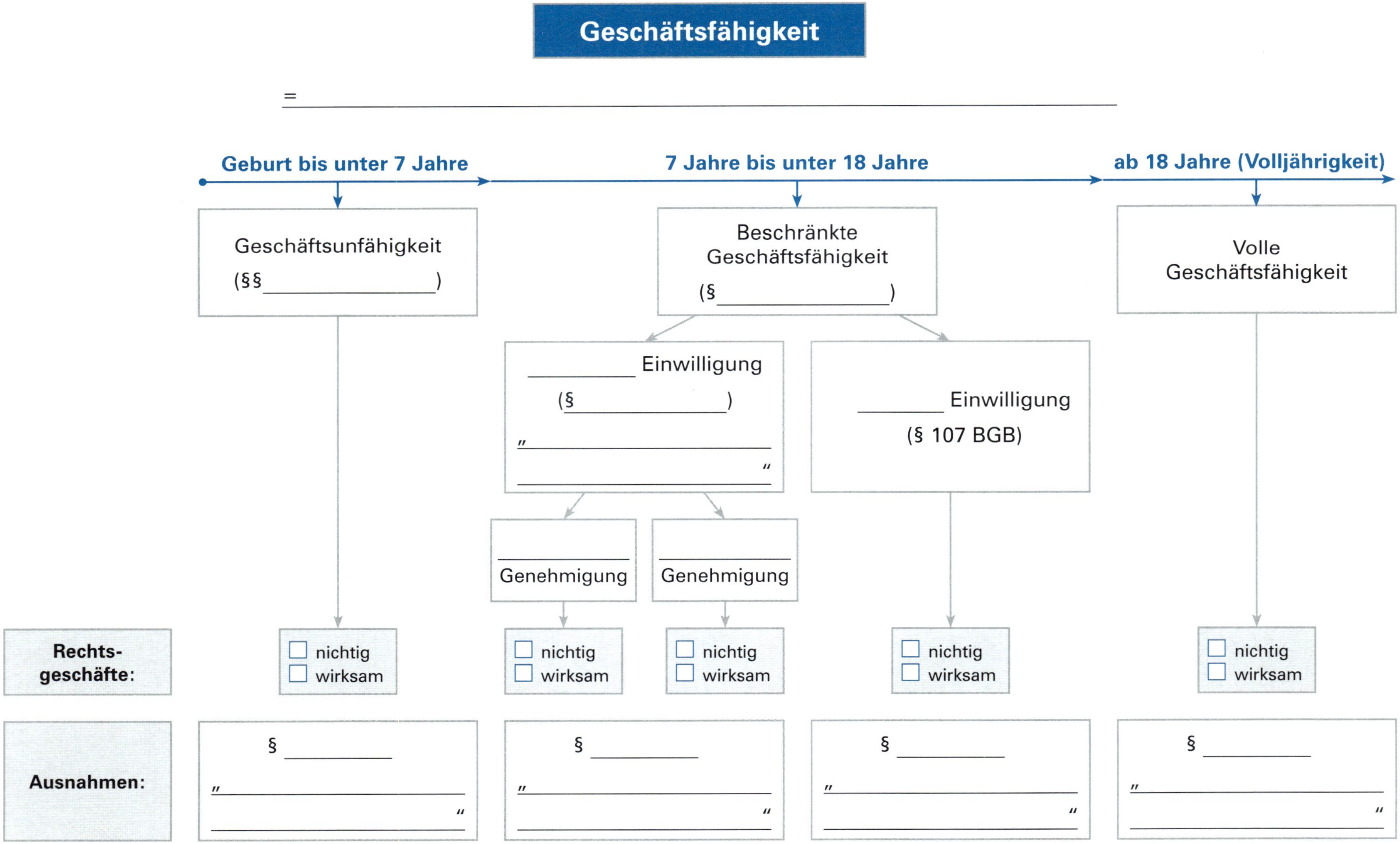

3 Willenserklärungen und Rechtsgeschäfte prüfen

Schulbuch Kap. 2.1.3

Situation:

Die 16-jährige Tina Werner absolviert momentan eine Ausbildung zur Kauffrau für Büromanagement bei der Ulmer Büromöbel AG. Neben der Arbeit in den verschiedenen Abteilungen im kaufmännischen Bereich muss Tina natürlich auch in die Berufsschule. Sie nutzt die heutige Mittagspause, um ihre BWL-Hausaufgaben im Bereich „Rechtsthemen“ zu erledigen. Helfen Sie ihr dabei.

Arbeitsaufträge:

1. Definieren Sie den Begriff „Willenserklärung“ in eigenen Worten.

2. Nennen Sie drei Beispiele, wie eine Willenserklärung abgegeben werden kann.

➤ __________

➤ __________

➤ __________

3. Erläutern Sie die Begrifflichkeit „konkludentes Handeln“ in eigenen Worten und nennen Sie drei Beispiele aus Ihrem täglichen Leben.

4. Begründen Sie, ob und ggf. wie in folgenden Fällen eine Willenserklärung abgegeben wird.

Nr.	Fall	Willenserklärung	Begründung
1	Sie steigen in Mannheim mit gültigem Fahrschein in den Bus ein.	☐ ja ☐ nein	
2	Sie unterschreiben einen Mietvertrag für eine 2-Zimmerwohnung in Karlsruhe *(unter der Annahme der Volljährigkeit).*	☐ ja ☐ nein	
3	Sie gehen zum nächstgelegenen Bäcker und sagen: „Ich hätte gerne einen großen Kaffee mit Milch zum Mitnehmen."	☐ ja ☐ nein	
4	Sie möchten nach einem Kneipenbesuch mit dem Taxi nach Hause fahren. Durch Handheben veranlassen Sie ein vorbeifahrendes Taxi zu halten, in das Sie dann unter Angabe Ihrer Adresse einsteigen.	☐ ja ☐ nein	
5	Im Getränkemarkt fragen Sie die Verkäuferin: „Wie viel kostet die Kiste Apfelsaft bei Ihnen?"	☐ ja ☐ nein	

5. Rechtsgeschäfte

5.1 Unterscheiden Sie zwischen einseitigen und zweiseitigen Rechtsgeschäften.

Einseitige Rechtsgeschäfte	Zweiseitige Rechtsgeschäfte

5.2 Skizzieren Sie das Zustandekommen einer Kündigung, wenn diese per Post versendet wird und der Empfänger nicht anwesend ist.

	☐ einseitig	☐ zweiseitig
Wie viele Willenserklärungen sind für die Gültigkeit des Rechtsgeschäfts notwendig?		

	☐ empfangsbedürftig	☐ nicht empfangsbedürftig
Muss die Willenserklärung dem Empfänger zugehen?		

	☐ unter Anwesenden	☐ unter Abwesenden
Ist der Empfänger anwesend?		

5.3 Skizzieren Sie das Zustandekommen einer Schenkung von 100,00 EUR, die der 18-jährige Max von seinem Opa Anton bekommt.

	☐ einseitig	☐ zweiseitig
Wie viele Willenserklärungen sind für die Gültigkeit des Rechtsgeschäfts notwendig?		

	☐ einseitig verpflichtend	☐ zweiseitig verpflichtend
Welche Vertragspartner verpflichten sich zu einer Leistung?		

Schulbuch Kap. 2.1.6

4 Die Rechtslage bei Nichtigkeit und Anfechtbarkeit prüfen und deren Gültigkeit beurteilen

Situation:

Die 16-jährige Auszubildende Tina Werner lernt fleißig für die nächste BWL-Klassenarbeit in der Berufsschule. Zur Vorbereitung wiederholt sie heute die Themen Nichtigkeit und Anfechtbarkeit. Bei einigen Fällen benötigt sie allerdings noch ein wenig Hilfe ...

Arbeitsaufträge:

1. Ordnen Sie nachfolgenden Fällen den entsprechenden Nichtigkeitsgrund zu.

Hinweis: Ziehen Sie § 105 II BGB – § 117 BGB – § 118 BGB – § 125 BGB – § 134 BGB – § 138 BGB für die Lösung der Fälle heran.

Nr.	Fall	Gesetzliche Grundlage	Nichtigkeitsgrund
1	Toni Neureuther verkauft in volltrunkenem Zustand seinen einjährigen VW Golf (Neupreis: 24 500,00 EUR) für 1 000,00 EUR.		
2	Bei einem Grundstückskauf erklären Verkäufer und Käufer eines Grundstücks vor dem Notar, den Kauf zu einem Preis von 100 000,00 EUR abwickeln zu wollen. Tatsächlich wurden jedoch 150 000,00 EUR bezahlt. Mit dem zu niedrig angegebenen Kaufpreis sollten die Kosten für die Grunderwerbsteuer[1] gedrückt werden.		
3	Karl Maier erwirbt auf einer Party von einer zwielichtigen Gestalt 2 g Marihuana.		
4	Der Student Nicola Cerone sucht seit Wochen in der Universitätsstadt Heidelberg vergeblich nach einem Zimmer. Am Tage des Vorlesungsbeginns schließt er verzweifelt einen Mietvertrag über ein Zimmer in einer Kellerwohnung (14 m^2) neben der Universität zu einer Monatsmiete von 1 250,00 EUR ab.		
5	Nils Petersen kauft ein Grundstück am Freiburger Stadtrand. Der Kaufvertrag wird mündlich geschlossen.		
6	Stefan Rosenwirth verspricht in ausgelassener Laune jedem seiner Freunde, der im Anzug vom 10-m-Turm ins Freibad springt, 150,00 EUR. Zu seinem Entsetzen springen seine Kumpels Manuel, Max und Mark hinein.		

1 In Baden-Württemberg beträgt der Steuersatz für die Grunderwerbsteuer aktuell 5 %.

2. Ordnen Sie nachfolgenden Fällen den entsprechenden Anfechtungsgrund sowie die entsprechende Anfechtungsfrist zu.

Hinweis: Nutzen Sie hierfür die §§ 119–124 BGB.

Nr.	Fall	Anfechtungsgrund	Anfechtungsfrist
1	Der 19-jährige Charly aus Tuttlingen kehrt im Rahmen eines Kurztrips nach Berlin in einer typischen Berliner Gaststätte ein. Dort bestellt er einen „Pfannkuchen". Statt des erwarteten Teigfladens bringt der Kellner ihm einen „Berliner" (Pfannkuchen heißen in Berlin Eierkuchen und „Berliner" werden in Berlin „Pfannkuchen" genannt).		
2	Frau Herbst hat am Sonntag im Schaufenster einer Damenboutique auf der Stuttgarter Königstraße eine Handtasche gesehen, in die sie sich sofort „verliebt" hat. Das Preisschild war allerdings verdeckt. Am darauffolgenden Montag ruft sie umgehend in der Boutique an und bestellt die Handtasche. Die Auszubildende Sandra Winter nennt am Telefon versehentlich einen Preis von 80,00 EUR. Allerdings hat sie nicht richtig auf das Preisschild geschaut, der eigentliche Preis der Handtasche beträgt 800,00 EUR.		
3	Florian Mayer kauft auf der Ostalb nahe Aalen ein Grundstück für umgerechnet 100 000,00 EUR. Er möchte darauf ein Einfamilienhaus bauen. Nach Abschluss des Kaufvertrages stellt sich allerdings heraus, dass das Grundstück mit einem Bauverbot belegt ist und folglich deutlich weniger Wert hat.		

Nr.	Fall	Anfechtungsgrund	Anfechtungsfrist
4	Etienne Zelnicek möchte sich einen gebrauchten VW Passat kaufen, den er bei einem Gebrauchtwagenhändler in Friedrichshafen gesehen hat. Während der Vertragsverhandlungen fragt Herr Zelnicek mehrmals, ob der Wagen auch unfallfrei sei, andernfalls wolle er vom Kauf absehen. Der Verkäufer sichert Herrn Zelnicek wahrheitswidrig die Unfallfreiheit zu. Kurze Zeit nachdem er das Auto gekauft hat, erfährt Herr Zelnicek, dass das Auto bereits zwei größere Blechschäden gehabt hat.		
5	Karl Huber besitzt ein sehr schönes Seegrundstück in Kressbronn am Bodensee, an dem Albrecht Adam interessiert ist. Da Herr Huber nicht zum Verkauf bereit ist, droht ihm Herr Adam, er werde gegenüber Hubers Frau einiges über das Vorleben ihres Mannes erzählen. Daraufhin entschließt sich Herr Huber völlig verängstigt zum Verkauf der Grundstücks.		
6	Kathrin Zürn kauft in der Karlsruher Innenstadt für ihren Mann ein blaues Hemd, welches genau zu dessen blau kariertem Anzug passt. Zu Hause angekommen merkt sie, dass sich Hemd und Anzug farblich beißen und überhaupt nicht zusammen passen. Daraufhin fährt sie sofort zu dem Geschäft zurück und möchte vom Kaufvertrag zurücktreten.		

Schulbuch Kap. 2.2.1

5 Einen Arbeitsvertrag abschließen

Situation:

Frau Kugler, Personalleiterin der Ulmer Büromöbel AG, und Frau Sigg, Leiterin der Verkaufsabteilung, haben sich nach Auswertung der Vorstellungsgespräche dazu entschieden, Frau Geyer eine der beiden Stellen als Verkaufssachbearbeiterin mit Außendiensttätigkeit in Dresden anzubieten. Da Frau Geyer die ärztliche Einstellungsuntersuchung erfolgreich überstanden hat, beauftragt Frau Kugler ihren Mitarbeiter Lars Becker damit, den Arbeitsvertrag für Frau Geyer aufzusetzen. Der Vertrag soll am 08.03.20.. unterschriftsreif vorliegen. Lars Becker, noch nicht lange in der Personalabteilung tätig, lässt sich zwar nichts anmerken, fühlt sich jedoch reichlich überfordert. Mit Arbeitsverträgen musste er sich bislang nicht auseinandersetzen.

Arbeitsaufträge:

1. Setzen Sie mithilfe der Informationen aus der internen Mitteilung (Material 1) den Arbeitsvertrag für Frau Geyer auf.

   Hinweis: Im nachfolgenden Formular Arbeitsvertrag (Material 2) wurden bewusst die Paragrafenüberschriften weggelassen. Überlegen Sie sich geeignete Überschriften und tragen Sie sie in die dafür vorgesehenen Lücken ein.

Material 1: Interne Mitteilung

Interne Mitteilung

Ulmer Büromöbel AG

an: Lars Becker
von: Steffi Kugler

Abteilung: Personal
Datum: 05.03.20..
Zeichen: ku

Einstellung Frau Geyer

Frau Petra Geyer, wohnhaft in 09116 Chemnitz, Limbacher Straße 120, fängt am 01.04.20.. als Verkaufssachbearbeiterin mit Außendiensttätigkeit in unserem Verkaufsbüro in Dresden an.

Tarifvertragliche Regelungen:

- Bruttogehalt 2 700,00 EUR
- 39-Stunden-Woche
- 30 Arbeitstage Urlaub
- Vermögenswirksame Leistungen 10,00 EUR

Zusätzliche Vereinbarungen:

- Probezeit 3 Monate

Mit freundlichen Grüßen

Steffi Kugler

Material 2: Formular Arbeitsvertrag

Ulmer Büromöbel AG

Arbeitsvertrag

Zwischen der Ulmer Büromöbel AG, Industriepark 5, 89073 Ulm

und ____

wird unter Hinweis auf den bestehenden Tarifvertrag in der holz- und kunststoffverarbeitenden Industrie folgender Arbeitsvertrag abgeschlossen:

§ 1 ______________________________

Das Arbeitsverhältnis beginnt am ________. Arbeitsort ist ____________________.

§ 2 ______________________________

Die Probezeit beträgt ________________. Während der Probezeit kann das Arbeitsverhältnis beiderseits mit einer Frist von 2 Wochen zu jedem beliebigen Termin gekündigt werden.

§ 3 ______________________________

______________________________ wird als ______________________ eingestellt. Bei Bedarf sind auch andere zumutbare Arbeiten, die den Vorkenntnissen des Arbeitnehmers entsprechen, zu leisten. Die bisherige Vergütung ist in diesem Fall weiterzuzahlen.

§ 4 ______________________________

Die wöchentliche Arbeitszeit beträgt ____________. Beginn und Ende der täglichen Arbeitszeit richten sich nach den Betriebsvereinbarungen. Der Arbeitnehmer ist verpflichtet, Mehrarbeit zu leisten, soweit dies gesetzlich zulässig ist. Der Arbeitgeber zahlt für jede geleistete Überstunde einen Zuschlag. Der Zuschlag richtet sich nach den Betriebsvereinbarungen.

§ 5 ______________________________

Das Gehalt beträgt monatlich ______________ brutto, zzgl. ____________ vermögenswirksame Leistungen, zahlbar bargeldlos am Monatsende. Die Zahlung von Gratifikationen oder anderen Sonderzahlungen liegt im freien Ermessen des Arbeitgebers und begründet keinen Rechtsanspruch, auch wenn die Zahlungen wiederholt erfolgen.

§ 6 ______________________________

Der Arbeitnehmer erhält kalenderjährlich einen Erholungsurlaub von ______________ unter Fortzahlung seiner Bezüge. Arbeitstage sind alle Kalendertage, die nicht Samstage, Sonntage oder gesetzliche Feiertage sind. Der Arbeitnehmer stimmt den Urlaubsantritt mit der Abteilungsleitung ab.

§ 7 ______________________

Ist der Arbeitnehmer infolge auf Krankheit beruhender Arbeitsunfähigkeit an der Arbeitsleistung verhindert, ohne dass ihn ein Verschulden trifft, so erhält er Gehaltsfortzahlung nach den tarifvertraglichen Vereinbarungen.

§ 8 ______________________

Jede entgeltliche oder das Arbeitsverhältnis beeinträchtigende Nebenbeschäftigung ist nur mit Zustimmung des Arbeitgebers zulässig.

§ 9 ______________________

Für die Kündigung des Arbeitsverhältnisses gelten nach Ablauf der Probezeit die gesetzlichen Bestimmungen. Vor Antritt des Arbeitsverhältnisses ist die Kündigung ausgeschlossen.

§ 10 ______________________

Der Arbeitnehmer verpflichtet sich, während der Dauer des Arbeitsverhältnisses und auch nach Ausscheiden, über alle Betriebs- und Geschäftsvereinbarungen Stillschweigen zu bewahren.

Ulm, den ____________

Ulmer Büromöbel AG
Industriepark 5
89073 Ulm

______________________ ______________________

Arbeitgeber Arbeitnehmer/-in

Ulmer Büromöbel AG
Industriepark 5, 89073 Ulm
Registergericht Ulm HRB 84759
USt-ID Nr. DE 68 837 465
Vorstand: Robert Heim (Vorsitzender), Achim Abt, Kathrin Sapel
Vorsitzende des Aufsichtsrats: Sarah Kern

Bankverbindungen:
Commerzbank Ulm
IBAN: DE85 6304 0046 0041 4400 18 BIC: COBADEFFXXX
Sparkasse Ulm
IBAN: DE61 6305 0000 0041 4500 75 BIC: SOLADES1ULM

2. Die Ulmer Büromöbel AG hat mit Petra Geyer einen Arbeitsvertrag geschlossen. Vervollständigen Sie folgenden Lückentext zum Thema Arbeitsvertrag.

Der unbefristete und befristete Arbeitsvertrag

Der Arbeitsvertrag ist im juristischen Sinne eine Sonderform des (1) ________________. Ein unbefristeter Individualarbeitsvertrag kann grundsätzlich schriftlich oder mündlich abgeschlossen werden. Allerdings ist der Arbeitgeber gemäß (2) __________________ (NachwG) verpflichtet, die wesentlichen (3) __________________________ spätestens einen (4) _____________ nach dem vereinbarten Beginn des Arbeitsverhältnisses (5) ________________ niederzulegen, die Niederschrift zu (6) ____________________ und dem Arbeitnehmer (7) ____________________.

Im Arbeitsvertrag dürfen keine Vereinbarungen getroffen werden, die die im (8) _________________ und in der (9) ___________________________ festgelegten Regelungen unterlaufen. Eine Besserstellung ist aber (10) ______________. Tarifverträge werden zwischen (11) ______________________ und Arbeitsgeberverbänden geschlossen. Betriebsvereinbarungen zwischen dem Arbeitgeber und dem (12) _________________.

Arbeitgeber und Arbeitnehmer können auch (13) ________________ Arbeitsverträge abschließen. Befristete Arbeitsverträge müssen (14) ________________ abgeschlossen werden. Liegt kein (15) ________________ Grund für eine Befristung vor, so ist eine Befristung nur bis zur Dauer von (16) _____ Jahren zulässig. Zudem gilt ein (17) ____________________________, d.h., befristete Arbeitnehmer dürfen, z.B. was die (18) _________________ angeht, nicht (19) _________________ gestellt werden als die (20) _________________ eingestellten Arbeitnehmer. Ein kalendermäßig befristeter Arbeitsvertrag endet mit (21) ______________ der vereinbarten Zeit.

3. Recherchieren Sie, in welchen Fällen es sich um die Pflichten des Arbeitgebers handelt, die sich aus dem Abschluss eines Arbeitsvertrages ergeben.

- ☐ Dienstleistungspflicht
- ☐ Vergütungspflicht
- ☐ Verschwiegenheitspflicht
- ☐ Fürsorgepflicht
- ☐ Haftpflicht
- ☐ Entgeltfortzahlung im Krankheitsfall

4. Prüfen Sie, in welchen Fällen es sich um die Pflichten des Arbeitnehmers handelt, die sich aus dem Abschluss eines Arbeitsvertrages ergeben.

- ☐ Dienstleistungspflicht
- ☐ Pflicht zur Urlaubsgewährung
- ☐ Verschwiegenheitspflicht
- ☐ Pflicht zur Zeugnisausstellung
- ☐ Haftpflicht
- ☐ Informations- und Anhörungspflicht

Schulbuch Kap. 2.2.2.1 + 2.2.2.2

6 Mit Verbrauchsgüterkaufverträgen rechtssicher umgehen

Situation:

Aufgrund einer Anfrage des pensionierten Lehrers Lutz Rauthe über die Lieferung eines Schreibtisches erstellt der Verkaufssachbearbeiter Marcel Kruse ein entsprechendes Angebot und sendet es auf dem Postweg an den potenziellen Kunden. Einige Zeit später liegt die Bestellung von Herrn Rauthe auf seinem Schreibtisch.

Ulmer Büromöbel AG

Ulmer Büromöbel AG · Industriepark 5 · 89073 Ulm
Herrn
Lutz Rauthe
Wangener Str. 25
88212 Ravensburg

Ihr Zeichen:	
Ihre Nachricht vom:	14.02.20..
Unser Zeichen:	kru
Unsere Nachricht vom:	
Name:	Marcel Kruse
Telefon:	0731 3879–77
Telefax:	0731 3879–10
E-Mail:	kruse@ubmag.de
Datum:	18.02.20..

Angebot Schreibtisch

Sehr geehrter Herr Rauthe,

wir bedanken uns für Ihre Anfrage und freuen uns, Ihnen einen entsprechenden Schreibtisch anbieten zu können.

Schreibtisch Standard
Rahmen aus pulverbeschichtetem Stahlrohr, Glasplatte
Artikelnummer: A-1003110

Listenverkaufspreis (netto): 540,00 EUR je Stück inkl. Verpackung zzgl. 19 % USt

Die Lieferung erfolgt frei Haus. Die Lieferzeit beträgt 14 Tage nach Auftragseingang. Unser Angebot ist bis zum 10.03.20.. gültig. Die Rechnung ist innerhalb von 14 Tagen nach Rechnungsdatum mit 3 % Skonto oder 30 Tage netto Kasse zu begleichen.

Wir würden uns freuen, Sie als neuen Kunden begrüßen zu dürfen.

Mit freundlichem Gruß

Ulmer Büromöbel AG

i. A. *Marcel Kruse*

Marcel Kruse

Lutz Rauthe | Wangener Str. 25 | 88212 Ravensburg

Tel.: 0751 3834
Mobil: 0160 71849026
Mail: lutz-rauthe@gmail.com

Lutz Rauthe | Wangener Str. 25 | 88212 Ravensburg
Ulmer Büromöbel AG
Herrn Marcel Kruse
Industriepark 5
89073 Ulm

Ravensburg, 28.02.20..

Bestellung des Schreibtisches Standard

Sehr geehrter Herr Kruse,

gemäß Ihrem Angebot vom 18.02.20.. bestelle ich folgenden Artikel zu den von Ihnen genannten Konditionen.

Schreibtisch Standard
A-1003110
Menge: 1

Mit freundlichen Grüßen

Lutz Rauthe

Lutz Rauthe

Arbeitsaufträge:

1. Beurteilen Sie anhand von Angebot und Bestellung, ob im vorliegenden Fall ein Verbrauchsgüterkaufvertrag zwischen der Ulmer Büromöbel AG und Herrn Rauthe zustande gekommen ist.

   Hinweis: Geben Sie die entsprechenden Paragrafen aus dem BGB an.

   ____

   ____

   ____

   ____

   ____

2. Hans Hermann, Sachbearbeiter in der Buchhaltung bei der Ulmer Büromöbel AG, ist in seiner Freizeit Hobbyimker. Er möchte sein Wissen dazu gerne vertiefen und bestellt daher am 20. 03. 20.. beim Online-Buchhändler Maier e. Kfm. die 5. Auflage eines Buches zum Thema „Bienen und Imkerei". Noch am selben Tag erhält er per E-Mail die Auftragsbestätigung, allerdings über die 4. Auflage des Buches. Hans Hermann antwortet ebenfalls noch am selben Tag per E-Mail, dass er das Buch trotzdem gerne bestellen würde. Am 22. 03. 20.. wird das Buch mangelfrei geliefert.

   Begründen Sie, wie und wann der Verbrauchsgüterkaufvertrag zustande gekommen ist.

   Hinweis: Geben Sie die entsprechenden Paragrafen aus dem BGB an.

   ____

   ____

   ____

   ____

   ____

   ____

   ____

   ____

3. Vervollständigen Sie das Schaubild, indem Sie nachfolgende Begriffe korrekt eintragen: *Auftragsbestätigung – Bestellung – Bestellung – (verbindliches) Angebot.*

Zustandekommen des Kaufvertrags

durch	**Willenserklärung 1**	+	**Willenserklärung 2**
Alternative 1	 **durch den Verkäufer**		 **durch den Käufer**
Alternative 2	 **durch den Käufer**		 **durch den Verkäufer**

4. Prüfen Sie, ob in folgenden Fällen ein Verbrauchsgüterkaufvertrag zustande gekommen ist und begründen Sie Ihre Auffassung.

Hinweis: Geben Sie jeweils die entsprechenden Paragrafen aus dem BGB an.

Fall A: Alexander Rothacher, Controlling-Abteilungsleiter der Ulmer Büromöbel AG, möchte im Urlaub sein Gartenhäuschen aus Holz neu streichen. Hierzu benötigt er eine spezielle Holzschutzfarbe. Aus diesem Grund stellt er Anfragen an verschiedene Baumärkte mit der Bitte um Abgabe eines Angebots. Nach eingehender Prüfung der rechtlich verbindlichen Angebote, die per E-Mail am 20.05.20.. bei Herrn Rothacher eingegangen sind, bestellt er am 21.05.20.. beim Baumarkt DoItYourself GmbH 50 Liter Holzschutzfarbe zu deren Konditionen.

Ist ein Kaufvertrag zustande gekommen?	Begründungen
☐ Kaufvertrag ☐ kein Kaufvertrag	

Fall B: Die Ulmer Büromöbel AG erhält am 10.06.20.. eine Bestellung per E-Mail des Privatkunden Jürgen Breuer aus Sigmaringen. Am 17.06.20.. bestätigt die Ulmer Büromöbel AG die Bestellung per E-Mail. Der Kunde erhält die Warenlieferung und die Rechnung am 21.06.20..

Herr Breuer nimmt die Ware an und bezahlt diese noch am selben Tag per Onlinebanking.

Ist ein Kaufvertrag zustande gekommen?	Begründungen
☐ Kaufvertrag ☐ kein Kaufvertrag	

Fall C: Marko Schöpf ist am Büroschrank Standard interessiert. Aufgrund einer diesbezüglichen Anfrage unterbreitet die Ulmer Büromöbel AG am 26.08.20.. per E-Mail ein Angebot, das die Bemerkung „dieses Angebot ist unverbindlich" enthält. Einverstanden mit dem Preis und den übrigen Konditionen bestellt Herr Schöpf am 27.08.20.. ebenfalls per E-Mail den Büroschrank. Kurze Zeit später teilt die Ulmer Büromöbel AG mit, dass der Büroschrank aufgrund gestiegener Lohnkosten nur zu einem um 10 % höheren Preis verkauft werden kann.

Ist ein Kaufvertrag zustande gekommen?	Begründungen
☐ Kaufvertrag ☐ kein Kaufvertrag	

Fall D: Herr Bäumer, Einkaufssachbearbeiter der Ulmer Büromöbel AG, bestellt für seinen privaten Gebrauch am 10.09.20.. beim Elektromarkt Müller GmbH aufgrund eines Verkaufsprospekts einen neuen Fernseher zum Preis von 799,00 EUR inkl. Lieferung und Einstellung der verfügbaren Sender. Die Lieferzeit soll eine Woche betragen. Zwei Tage später erhält Herr Bäumer telefonisch die Nachricht, dass das von ihm bestellte Fernsehgerät aus dem Sortiment herausgenommen wurde und daher nicht mehr geliefert werden kann.

Ist ein Kaufvertrag zustande gekommen?	Begründungen
☐ Kaufvertrag ☐ kein Kaufvertrag	

Schulbuch Kap. 2.2.2.3

7 Allgemeine Geschäftsbedingungen (AGB) prüfen und deren Gültigkeit beurteilen

Situation:

Der Abteilungsleiter Lager/Fertigerzeugnisse der Ulmer Büromöbel AG, Gregor Köbach, ist in seiner Freizeit glühender Anhänger des Basketball-Teams aus Ulm. Da er schon länger nicht mehr bei einem Spiel live dabei war, möchte er unbedingt ein Ticket für das Württemberg-Derby gegen Ludwigsburg erwerben. Vor einem Ticketshop in der Ulmer Innenstadt wird auf einem Flyer folgendes Angebot angepriesen:

Ticket-Center Buy & Buy – Ticket-Center Buy & Buy – Ticket-Center Buy & Buy – Ticket-Center Buy & Buy

Angebot

1 Ticket für das Basketballspiel

Ulm ● Ludwigsburg

Ort:	**Arena Ulm**	**Kategorie 1**
Datum:	**30.03.20..**	**Block 10, Reihe 20, Platz 5**
Zeit:	**18:30 Uhr**	**Kosten: 14,90 EUR (inkl. 19 % USt)**

Hinweis: Dieser Vertrag unterliegt den umseitig abgedruckten Bedingungen.
Sie erhalten das Ticket in den nächsten Tagen auf dem Postweg zugesendet.

Herr Köbach greift sofort zu und schließt den Kaufvertrag am 01.03.20.. ab.

Arbeitsaufträge:

1. Beurteilen Sie, ob die Allgemeinen Geschäftsbedingungen (AGB) bei diesem Vertrag Bestandteil werden können.

   Hinweis: Geben Sie die entsprechenden Paragrafen aus dem BGB an.

2. Nachdem Herr Köbach das Ticket zugeschickt bekommen hat, liest er sich die AGB genauer durch. Dort steht unter anderem folgender Passus:

I. Vertragsbedingungen
Werden Karten zum Basketballspiel Ulm gegen Ludwigsburg bestellt, so ist gleichzeitig auch ein 100,00-Euro-Gutschein für den Fan-Shop neben der Basketball Arena zu erwerben.

Prüfen Sie, ob diese AGB-Klausel rechtswirksam ist.

Hinweis: Geben Sie die entsprechenden Paragrafen aus dem BGB an.

3. Diese weiteren Bedingungen sind ebenfalls in den AGB aufgeführt:

II. Lieferbedingungen
Können die Tickes nicht zum vereinbarten Zeitpunkt geliefert werden, so ist der Verkäufer berechtigt, eine Nachfrist von drei Tagen zu setzen.

III. Zahlungsbedingungen und Preise
Wir behalten uns das Recht vor, bei Lieferfristen, die länger als sechs Wochen dauern, den Verkaufspreis in angemessener Weise zu erhöhen.

IV. Leistungsänderungen
Wir behalten uns das Recht vor, bestellte Tickets auch aus einem anderen Fanblock zu liefern.
[...]

Prüfen Sie, ob nachfolgende AGB-Klauseln rechtswirksam sind.

Hinweis: Geben Sie die entsprechenden Paragrafen aus dem BGB an.

II. Lieferbedingungen	
☐ AGB-Klausel ist rechtswirksam.	☐ AGB-Klausel ist **nicht** rechtswirksam.
Begründung:	

III. Zahlungsbedingungen und Preise	
☐ AGB-Klausel ist rechtswirksam.	☐ AGB-Klausel ist **nicht** rechtswirksam.
Begründung:	

IV. Leistungsänderungen	
☐ AGB-Klausel ist rechtswirksam.	☐ AGB-Klausel ist **nicht** rechtswirksam.
Begründung:	

4. Beurteilen Sie abschließend die Gültigkeit des Kaufvertrags.

   Hinweis: Geben Sie die entsprechenden Paragrafen aus dem BGB an.

Schulbuch
Kap. 2.2.3

8 Fernabsatzverträge analysieren

Situation:

Für den Campingurlaub in Italien bestellt der Abteilungsleiter Lager/Werkstoffe Philipp Uhl am 20.06... im Internet bei der Walkster GmbH, einem Onlineshop für Camping-Equipment, ein Zelt. Den Rechnungsbetrag von 199,00 EUR bezahlt Herr Uhl umgehend nach Erhalt der Ware. Zu Testzwecken baut er das Zelt einmal auf, wobei die Verpackung beschädigt und die Heringe beschmutzt werden. Die Wettervorhersage für den Italien-Urlaub ist allerdings nicht besonders gut, es werden anhaltende Regenschauer vorhergesagt. Daraufhin schickt Herr Uhl das Zelt 10 Tage nach Erhalt wieder an die Walkster GmbH zurück.

Arbeitsaufträge:

1. Erläutern Sie, unter welchen Bedingungen ein Fernabsatzvertrag zustande kommt.

   Hinweis: Geben Sie jeweils die entsprechenden Paragrafen aus dem BGB an.

2. Skizzieren Sie das Widerrufsrecht bei einem Fernabsatzvertrag und vergleichen Sie die Möglichkeit eines Widerrufs mit dem Kauf in einem Einzelhandelsgeschäft.

   Hinweis: Geben Sie jeweils die entsprechenden Paragrafen aus dem BGB an.

3. Begründen Sie, weshalb der Verbraucher vom Gesetzgeber bei Kaufverträgen, die mittels Fernkommunikationsmittel abgeschlossen werden, besonders geschützt wird.

4. Erläutern Sie, ob der Widerruf von Herrn Uhl rechtskonform ist und ob er den Kaufpreis zurückerstattet bekommt.

   Hinweis: Geben Sie jeweils die entsprechenden Paragrafen aus dem BGB an.

Schulbuch Kap. 2.3.2

9 Mit einer mangelhaften Lieferung (Schlechtleistung) rechtssicher umgehen

Situation:

Am 26.04.20.. liegt folgendes Schreiben auf dem Tisch von Herrn Kruse, Verkaufssachbearbeiter bei der Ulmer Büromöbel AG:

UB Ulmer Büromöbel AG

Lutz Rauthe | Wangener Str. 25 | 88212 Ravensburg

Tel.: 0751 3834
Mobil: 0160 71849026
Mail: lutz-rauthe@gmail.com

Lutz Rauthe | Wangener Str. 25 | 88212 Ravensburg
Ulmer Büromöbel AG
Herrn Marcel Kruse
Industriepark 5
89073 Ulm

Ravensburg, 26.03.20..

Mängelrüge

Sehr geehrter Herr Kruse,

am 28.02.20.. habe ich bei Ihnen den Schreibtisch Standard bestellt, der am 25.03.20.. vereinbarungsgemäß geliefert wurde. Leider musste ich folgende Mängel feststellen:

1. Die Plastikverkleidung der Tischfüße ist nicht dunkelgrau, sondern schwarz.

2. Auf der Tischplatte befindet sich ein 3 cm langer Kratzer.

Bitte nehmen Sie umgehend Kontakt mit mir auf.

Mit freundlichen Grüßen

Lutz Rauthe

Lutz Rauthe

Arbeitsaufträge:

1. Nennen Sie die Sachmängel, welche gemäß BGB (im Hinblick auf die Sache und Erkennbarkeit) von Herrn Rauthe festgestellt wurden.

Mängel	Mängelarten im Hinblick auf die	
	Erkennbarkeit	Sache
1		
2		

2. Nennen Sie die Rechte, die dem Käufer bei einer mangelhaften Lieferung auf der 1. Stufe (= vorrangige Rechte) grundsätzlich zur Verfügung stehen.

Hinweis: Tragen Sie diese in die zur Verfügung stehenden Strukturvorlage ein.

Vorrangige Rechte des Käufers bei Schlechtleistung (mangelhafter Lieferung)

ohne eine ______________ setzen zu müssen, hat der Käufer das Recht auf

[ ] + [ ]

wahlweise

[ ] [ ]

nur wenn ein ______________ entstanden ist und der Verkäufer den ______________ ______________ hat.

➤ Nacherfüllung gilt nach ______________________________ als fehlgeschlagen.

➤ Verkäufer kann das gewählte Recht der Nacherfüllung bei ______________________ hohen Kosten ablehnen.

3. Nennen Sie die Rechte, die Sie anstelle von Herrn Rauthe einfordern würden.

Sachmängel	Eingefordertes Recht

4. Nehmen Sie Folgendes an: Aufgrund von Kapazitätsengpässen kann die Ulmer Büromöbel AG in den nächsten vier Monaten keine Tischplatten für den Schreibtisch Standard liefern. Die Nacherfüllung ist also nicht möglich.

   Stellen Sie dar, welche nachrangigen Rechte (= 2. Stufe) dem Käufer nun generell zur Verfügung stehen.

   Hinweis: Tragen Sie diese in die zur Verfügung stehenden Strukturvorlage ein.

Nachrangige Rechte des Käufers bei Schlechtleistung (mangelhafter Lieferung)

nach ____________ Ablauf der gesetzten ____________ zur Nacherfüllung kann der Käufer

wahlweise

nur bei ____________ Mängeln

+   +

nur wenn ____________ bzw. ____________ entstanden sind und der Verkäufer den ____________ hat.

5. Entscheiden Sie, welches Recht Sie anstelle von Herrn Rauthe bezogen auf den Kratzer unter folgender Annahmen einfordern würden.

   Annahmen:

   - Der Lieferengpass ist auf einen mehrwöchigen Streik in der Holzindustrie zurückzuführen. Deshalb können derzeit keine Holzmöbel gefertigt und ausgeliefert werden.
   - Vergleichbare Schreibtische sind bei einem anderen Lieferanten zum gleichen Preis sofort lieferbar.

Eingefordertes Recht	

6. Nehmen Sie an, Herr Rauthe hätte sich im obigen Fall (Arbeitsauftrag 5) dazu entschieden, vom Vertrag zurückzutreten und zusätzlich Schadensersatz statt Leistung zu fordern.

Begründen Sie, wie die Erfolgsaussichten der Ulmer Büromöbel AG vor Gericht wären, wenn sie nicht bereit wäre, die Schadensersatzforderung zu akzeptieren.

7. Nennen Sie fünf Folgen, die für die Ulmer Büromöbel AG auftreten können, wenn sich Reklamationen wegen mangelhafter Lieferung häufen.

-
-
-
-
-

Schulbuch Kap. 2.3.3

10 Mit einem Zahlungsverzug (Nicht-Rechtzeitig-Zahlung) rechtssicher umgehen

Situation:

Jens Berghaus aus Heidelberg bestellt bei der Ulmer Büromöbel AG am 01.05.20.. diverse Büromöbel zum Preis von insgesamt 2500,00 EUR. Gemäß Verbrauchsgüterkaufvertrag sind die Büromöbel am 14.05.20.. zu liefern. Als Zahlungstermin wurde der 30.05.20.. vereinbart. Am 02.06.20.. stellt Frau Huber, Mitarbeiterin der Buchhaltung bei der Ulmer Büromöbel AG, fest, dass Herr Berghaus die Rechnung noch nicht beglichen hat. Durch Rücksprache mit Frau Buck, einer Mitarbeiterin der Lagerabteilung, erfährt Frau Huber, dass die Büromöbel am 14.05.20.. ordnungsgemäß geliefert wurden. Die Rechnung lag der Lieferung bei. Frau Huber ist verstimmt: „Immer Ärger mit den Kunden!"

Arbeitsaufträge:

1. Prüfen Sie im ersten Schritt, ob sich Herr Berghaus in Zahlungsverzug befindet.

Voraussetzungen	ja	nein	Begründung
Ist der Zahlungstermin überschritten?			
Musste gemahnt werden?			

Ergebnis: ______________________________

2. Tragen Sie die Rechte, die allgemein im Rahmen der Nicht-Rechtzeitig-Zahlung vom Verkäufer geltend gemacht werden können, in die folgende Strukturvorlage ein.

Rechte des Verkäufers bei Nicht-Rechtzeitig-Zahlung (Zahlungsverzug)

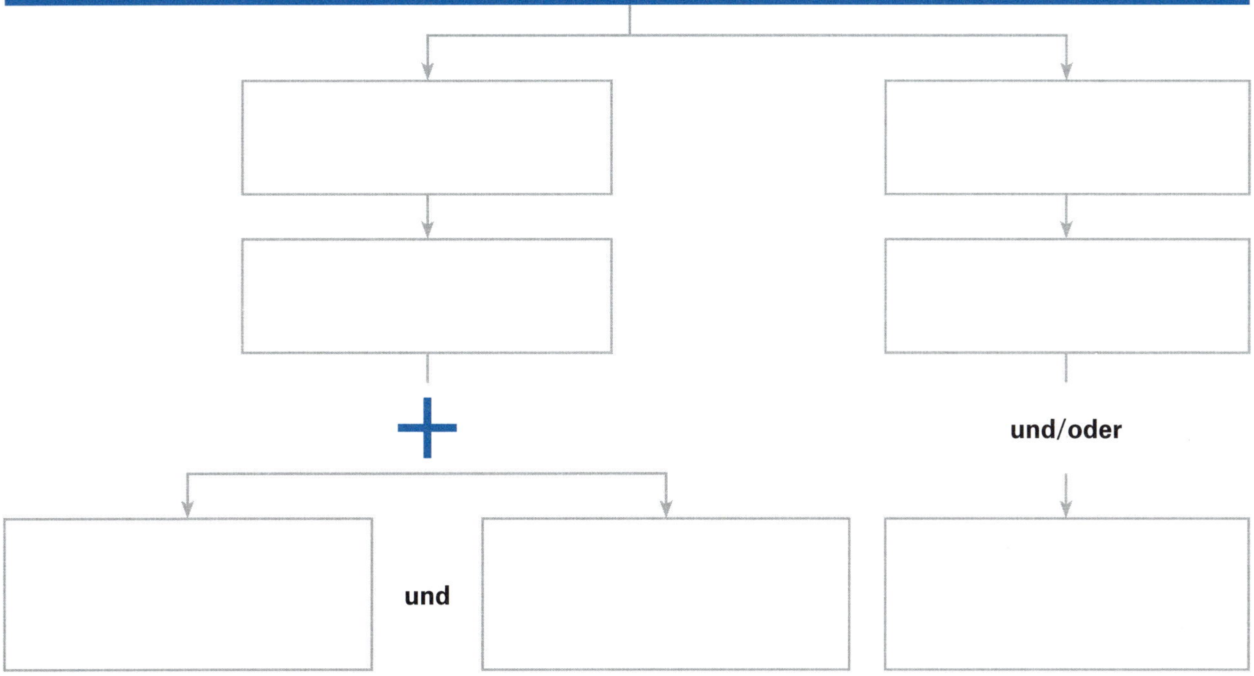

3. Erläutern Sie, welches Recht die Ulmer Büromöbel AG unter folgenden Annahmen wahrnehmen sollte:
   - Herr Berghaus hat die von der Ulmer Büromöbel AG gesetzte Nachfrist verstreichen lassen.
   - Die Büromöbel sind unbeschädigt und befinden sich noch in der Originalverpackung. Sie können aufgrund der hervorragenden Absatzsituation problemlos zum gleichen Preis an einen anderen Kunden verkauft werden.
   - Herr Berghaus befindet sich in großen finanziellen Schwierigkeiten.
   - Herr Berghaus ist ein langjähriger Kunde, den man nicht verlieren möchte.

Recht	

4. Erläutern Sie, welches Recht die Ulmer Büromöbel AG unter folgenden Annahmen wahrnehmen sollte:
   - Herr Berghaus hat die von der Ulmer Büromöbel AG gesetzte Nachfrist verstreichen lassen.
   - Die Büromöbel sind unbeschädigt und befinden sich noch in der Originalverpackung. Sie können jedoch aufgrund der schwierigen Absatzsituation nur zu einem Preis von 1 500,00 EUR verkauft werden.
   - Herr Berghaus befindet sich in großen finanziellen Schwierigkeiten.
   - Herr Berghaus ist ein Kunde, der schon häufiger durch verspätete Zahlungen aufgefallen ist.

Recht	

5. Nehmen Sie an, Herr Berghaus hätte den Rechnungsbetrag in Höhe von 2500,00 EUR am 09.06.20.. beglichen.

Annahmen:

➤ Die Zahlung hätte laut Kaufvertrag am 30.05.20.. bei der Ulmer Büromöbel AG eingehen müssen.

➤ Der Basiszinssatz der EZB beträgt aktuell 1,52 % (Stand: Juli 2026).

März

	Mo	Di	Mi	Do	Fr	Sa	So
9						1	2
10	3	4	5	6	7	8	9
11	10	11	12	13	14	15	16
12	17	18	19	20	21	22	23
13	24	25	26	27	28	29	30
14	31						

April

	Mo	Di	Mi	Do	Fr	Sa	So
14		1	2	3	4	5	6
15	7	8	9	10	11	12	13
16	14	15	16	17	18	19	20
17	21	22	23	24	25	26	27
18	28	29	30				

Mai

	Mo	Di	Mi	Do	Fr	Sa	So
18				1	2	3	4
19	5	6	7	8	9	10	11
20	12	13	14	15	16	17	18
21	19	20	21	22	23	24	25
22	26	27	28	29	30	31	

Juni

	Mo	Di	Mi	Do	Fr	Sa	So
22							1
23	2	3	4	5	6	7	8
24	9	10	11	12	13	14	15
25	16	17	18	19	20	21	22
26	23	24	25	26	27	28	29
27	30						

5.1 Erläutern Sie, wie die Höhe des hier anzuwendenden Zinssatzes ermittelt wird.

Hinweis: Beachten Sie die gesetzlichen Bestimmungen des BGB.

___

___

___

___

5.2 Berechnen Sie die Verzugszinsen, die die Ulmer Büromöbel AG Herrn Berghaus nachträglich in Rechnung stellen kann.

Verzugszinsen	

Bildungsplaneinheit 3: Finanzen und Steuern

Schulbuch Kap. 3.1.1

1 Das System der Sozialversicherungen in der Bundesrepublik Deutschland darstellen

Situation:

Beim täglichen Meeting der Vorstandschaft der Ulmer Büromöbel AG ist dieses Mal auch Alexander Rothacher aus der Controlling-Abteilung dabei.

Herr Heim: Guten Morgen, Herr Rothacher! Schön, dass Sie heute bei unserer Morgenrunde dabei sind. Sie haben uns ja bereits ein Handout mit aktuellen Zahlen zusammengestellt.

Herr Rothacher: Guten Morgen, Herr Heim, ganz genau so ist es! Ich habe die Sorge, dass uns die Kosten so langsam „aus dem Ruder" laufen. Insbesondere die Kosten für die ganzen Sozialleistungen sind deutlich angestiegen.

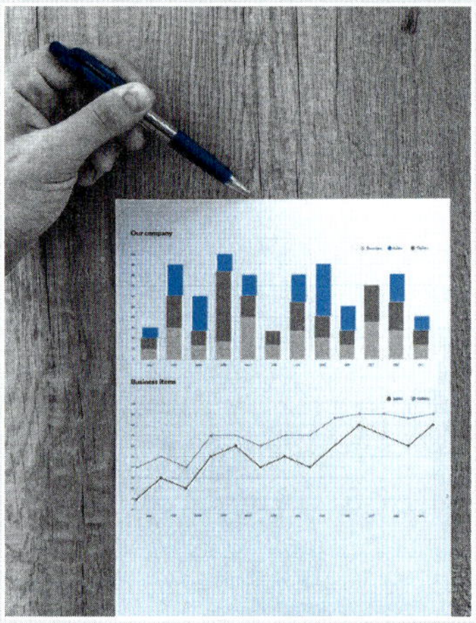

Herr Abt: Wie konnte es denn dazu kommen?

Herr Rothacher: Die Tariflöhne wurden jüngst um 4 % angehoben und dies schlägt sich natürlich auch auf die Arbeitgeberbeiträge zur Sozialversicherung nieder.

Frau Sapel: Ja, für unser Unternehmen bedeutet das natürlich eine erhebliche finanzielle Belastung. Allerdings muss uns klar sein, dass wir als bedeutendes Unternehmen in unserer Region auch eine soziale Verantwortung gegenüber unseren Mitarbeitern und der Gesellschaft im Ganzen haben! Auch wir als Ulmer Büromöbel AG tragen zum Solidaritätsprinzip bei: „Einer für alle, alle für einen!"

Arbeitsaufträge:

1. Beschreiben Sie die Grundprinzipien der Sozialversicherung in eigenen Worten anhand von vier wesentlichen Merkmalen.

➤ ____

____

____

➤ ____

____

____

➤ ____

____

____

➤

2. Recherchieren Sie im Internet nach den aktuellen Beitragssätzen der vier Sozialversicherungszweige (ohne Unfallversicherung).

	Renten-versicherung	Kranken-versicherung	Arbeitslosen-versicherung	Pflege-versicherung
gesamter Beitragssatz				
Arbeitgeber-Beitragssatz				
Arbeitnehmer-Beitragssatz				

3. Die von Herrn Rothacher in der Situation angesprochene Problematik, dass sich höhere Löhne auch auf die Arbeitgeberbeiträge zur Sozialversicherung auswirken, wird auch in nachfolgender Grafik verdeutlicht.

   Interpretieren Sie die Grafik bezogen auf die Ulmer Büromöbel AG und unter Berücksichtigung der von Herrn Rothacher dargestellten Problematik.

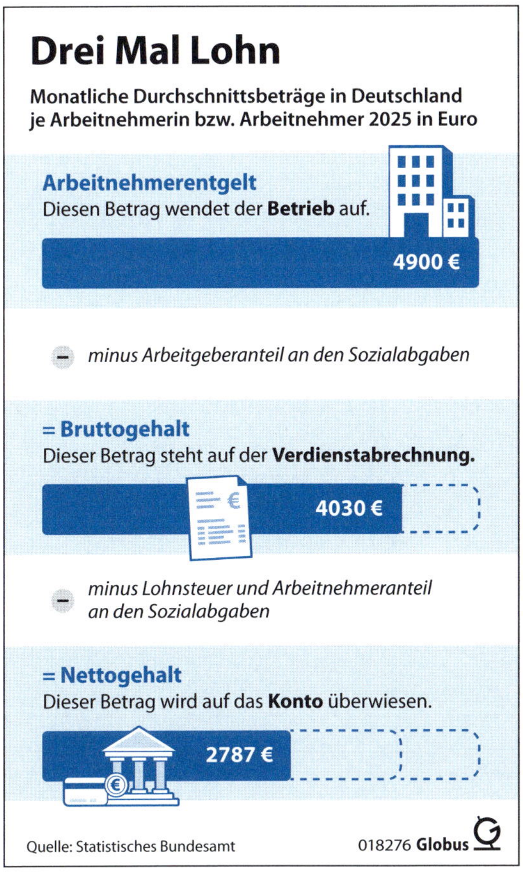

4. Die Folgen einer Wirtschaftskrise haben Auswirkungen auf die Sozialversicherungen, insbesondere auf die Rentenversicherung.

   Erläutern Sie die konkreten Auswirkungen auf die Rentenversicherung durch ...

... Verlust von Arbeitsplätzen.

... Beitragserhöhungen.

... Lohnsteigerungen für Arbeitnehmer.

... Rentenerhöhung.

5. Begründen Sie anhand von zwei Argumenten, weshalb die Pflegeversicherung in unserer Gesellschaft eine immer wichtigere Rolle spielt.

➤ ______________________________

➤ ______________________________

Schulbuch Kap. 3.1.2

2 Lohn und Gehalt abrechnen

Situation:

Herr Krause, Mitarbeiter der Personalabteilung, ist bei der Ulmer Büromöbel AG unter anderem für die Entgeltabrechnungen zuständig. Derzeit ist er damit beschäftigt, zu ermitteln, welcher Betrag den unten aufgeführten Mitarbeitern Ende des Monats auf deren Girokonto zu überweisen ist.

Auszug aus den Personalstammdaten

Name, Vorname	Mancini, Isabella	Scholz, Heiko	Rößler, Stefan	Wiese, Tim
Tätigkeit im Unternehmen	Verkaufs-sachbearbeiterin	Verkaufs-sachbearbeiter	Abteilungsleiter Absatz	Fertigungs-mitarbeiter
Alter & Familienstand	30 Jahre verheiratet	42 Jahre geschieden	52 Jahre verheiratet	25 Jahre ledig
Zahl der Kinder	1 Kind	1 Kind	1 Kind	–
Wohnort	Ulm/BW	Ehingen/BW	Ulm/BW	Neu-Ulm/Bayern
Kinderfreibetrag	–	1	1	–
Steuerklasse	5	2	3	1
Religionszugehörigkeit	ev.	rk	-	rk
Bruttoentgelt	2.936,00 EUR	2.713,00 EUR	4.973,00 EUR	17,00 EUR je Stunde
AG-Anteil vL lt. Betriebsvereinbarung	20,00 EUR	20,00 EUR	20,00 EUR	20,00 EUR
AN-Anteil vL	20,00 EUR	20,00 EUR	20,00 EUR	10,00 EUR
Krankenkassen-Zusatzbeitrag	2,9 %	2,9 %	2,9 %	2,9 %
sonstiges	–	220,00 EUR Überstundenzuschläge	Geldwerter Vorteil in Form eines Firmenwagens in Höhe von 300,00 EUR pro Monat	Aktueller Monat: Wg. Teilzeit 120 Normalarbeitsstunden zzgl. 375,00 EUR Zuschläge für Überstunden, hat Anfang des Monats einen Vorschuss von 500,00 € erhalten.

Arbeitsaufträge:

1. Informieren Sie sich zunächst in Ihrem Schulbuch über den Aufbau einer Entgeltabrechnung und ermitteln Sie für den aktuellen Monat die Überweisungsbeträge für die einzelnen Mitarbeiter. Nutzen Sie hierzu das Formular (Material 1) sowie die Auszüge aus den Lohnsteuertabellen (Material 2).

2. Berechnen Sie im zweiten Schritt, welcher Betrag insgesamt monatlich für Lohn- und Lohnnebenkosten der einzelnen Mitarbeiter zu veranschlagen ist. Berücksichtigen Sie bei Ihren Berechnungen den monatlichen Beitrag zur Unfallversicherung in Höhe von Ø 1,3 % vom steuer- und sozialversicherungspflichtigen Entgelt.

Berechnungen zum Sozialversicherungsbeitrag	Mancini, Isabella	Scholz, Heiko	Rößler, Stefan	Wiese, Tim
AG-Anteil zur Sozialversicherung				
Gesamt				
AN-Anteil zur Sozialversicherung (aus Aufgabe 1)				
steuer- und sozialversicherungspflichtiges Entgelt				
gesamter Sozialversicherungsbeitrag				
Gesamtbetrag für Lohn- und Lohnnebenkosten				

3. Nehmen Sie an, Stefan Rößler würde als Abteilungsleiter ein steuer- und sozialversicherungspflichtiges Entgelt in Höhe von 5.900,00 EUR erhalten. Erläutern Sie, was in diesem Fall bei der Berechnung seines Kranken- und Pflegeversicherungsbeitrags zu berücksichtigen ist. Veranschaulichen Sie den Sachverhalt auch rechnerisch.

4. Führen Sie neben den anteiligen Sozialversicherungsbeiträgen weitere Lohnnebenkosten an, die von der Ulmer Büromöbel AG getragen werden müssen.

Lohnnebenkosten

1		5	
2		6	
3		7	
4		8	

Material 1: Formular zur Entgeltabrechnung

Lohn- und Gehaltsabrechnung	Mitarbeiter			
	Isabella Mancini	Heiko Scholz	Stefan Rößler	Tim Wiese
Bruttoentgelt				
+ AG-Anteil vL				
+ Sonderzahlungen (z. B. Urlaubsgeld)				
+ Überstundenzuschläge				
+ geldwerter Vorteil				
= **steuer- und sozialversicherungspflichtiges Entgelt**				
– Lohnsteuer				
– Kirchensteuer				
– AN-Anteil Krankenversicherung				
– AN-Anteil Krankenkassen-Zusatzbeitrag				
– AN-Anteil Pflegeversicherung				
– AN-Anteil Rentenversicherung				
– AN-Anteil Arbeitslosenversicherung				
= **Nettoentgelt**				
– Sparbetrag vL				
– Vorschuss				
– geldwerter Vorteil				
= **Überweisungsbetrag**				

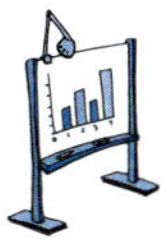

Material 2: Lohnsteuertabelle (Monat)

Lohn/ Gehalt Versorgungs-Bezug bis €	Abzüge an Lohnsteuer, Solidaritätszuschlag (SolZ) und Kirchensteuer (8%, 9%) in den Steuerklassen: I–VI		ohne Kinderfreibeträge			I, II, III, IV		mit Zahl der Kinderfreibeträge … 0,5			1			1,5			2			2,5			3		
		LSt	SolZ	8%	9%		LSt	SolZ	8%	9%	SolZ	8%	9%	SolZ	8%	9%	SolZ	8%	9%	SolZ	8%	9%	SolZ	8%	9%
2 429,99	I,IV	197,50	—	15,80	17,77	I	197,50	—	8,01	9,01	—	1,51	1,70	—	—	—	—	—	—	—	—	—	—	—	—
	II	108,16	—	8,65	9,73	II	108,16	—	1,96	2,21	—	—	—	—	—	—	—	—	—	—	—	—	—	—	—
	III	—	—	—	—	III	—	—	—	—	—	—	—	—	—	—	—	—	—	—	—	—	—	—	—
	V	474,—	—	37,92	42,66	IV	197,50	—	11,84	13,32	—	8,01	9,01	—	4,44	4,99	—	1,51	1,70	—	—	—	—	—	—
	VI	518,25	—	41,46	46,64																				
2 432,99	I,IV	198,08	—	15,84	17,82	I	198,08	—	8,06	9,06	—	1,54	1,73	—	—	—	—	—	—	—	—	—	—	—	—
	II	108,75	—	8,70	9,78	II	108,75	—	2,—	2,25	—	—	—	—	—	—	—	—	—	—	—	—	—	—	—
	III	—	—	—	—	III	—	—	—	—	—	—	—	—	—	—	—	—	—	—	—	—	—	—	—
	V	475,—	—	38,—	42,75	IV	198,08	—	11,88	13,37	—	8,06	9,06	—	4,48	5,04	—	1,54	1,73	—	—	—	—	—	—
	VI	519,33	—	41,54	46,73																				
2 435,99	I,IV	198,75	—	15,90	17,88	I	198,75	—	8,10	9,11	—	1,58	1,77	—	—	—	—	—	—	—	—	—	—	—	—
	II	109,33	—	8,74	9,83	II	109,33	—	2,03	2,28	—	—	—	—	—	—	—	—	—	—	—	—	—	—	—
	III	—	—	—	—	III	—	—	—	—	—	—	—	—	—	—	—	—	—	—	—	—	—	—	—
	V	476,—	—	38,08	42,84	IV	198,75	—	11,94	13,43	—	8,10	9,11	—	4,52	5,09	—	1,58	1,77	—	—	—	—	—	—
	VI	520,33	—	41,62	46,82																				
2 438,99	I,IV	199,33	—	15,94	17,93	I	199,33	—	8,15	9,17	—	1,61	1,81	—	—	—	—	—	—	—	—	—	—	—	—
	II	110,—	—	8,80	9,90	II	110,—	—	2,06	2,32	—	—	—	—	—	—	—	—	—	—	—	—	—	—	—
	III	—	—	—	—	III	—	—	—	—	—	—	—	—	—	—	—	—	—	—	—	—	—	—	—
	V	477,—	—	38,16	42,93	IV	199,33	—	11,98	13,48	—	8,15	9,17	—	4,56	5,13	—	1,61	1,81	—	—	—	—	—	—
	VI	521,33	—	41,70	46,91																				
2 441,99	I,IV	200,—	—	16,—	18,—	I	200,—	—	8,20	9,22	—	1,64	1,85	—	—	—	—	—	—	—	—	—	—	—	—
	II	110,58	—	8,84	9,95	II	110,58	—	2,10	2,36	—	—	—	—	—	—	—	—	—	—	—	—	—	—	—
	III	—	—	—	—	III	—	—	—	—	—	—	—	—	—	—	—	—	—	—	—	—	—	—	—
	V	478,08	—	38,24	43,02	IV	200,—	—	12,03	13,53	—	8,20	9,22	—	4,60	5,18	—	1,64	1,85	—	—	—	—	—	—
	VI	522,41	—	41,79	47,01																				

… … … … … … … … … …

Lohn/ Gehalt Versorgungs-Bezug bis €	Abzüge an Lohnsteuer, Solidaritätszuschlag (SolZ) und Kirchensteuer (8%, 9%) in den Steuerklassen: I–VI		ohne Kinderfreibeträge			I, II, III, IV		mit Zahl der Kinderfreibeträge … 0,5			1			1,5			2			2,5			3		
		LSt	SolZ	8%	9%		LSt	SolZ	8%	9%	SolZ	8%	9%	SolZ	8%	9%	SolZ	8%	9%	SolZ	8%	9%	SolZ	8%	9%
2 948,99	I,IV	310,50	—	24,84	27,94	I	310,50	—	16,48	18,54	—	8,66	9,74	—	1,96	2,21	—	—	—	—	—	—	—	—	—
	II	214,75	—	17,18	19,32	II	214,75	—	9,30	10,46	—	2,44	2,74	—	—	—	—	—	—	—	—	—	—	—	—
	III	56,33	—	4,50	5,06	III	56,33	—	—	—	—	—	—	—	—	—	—	—	—	—	—	—	—	—	—
	V	634,83	—	50,78	57,13	IV	310,50	—	20,60	23,17	—	16,48	18,54	—	12,50	14,06	—	8,66	9,74	—	5,01	5,63	—	1,96	2,21
	VI	675,16	—	54,01	60,76																				
2 951,99	I,IV	311,16	—	24,89	28,—	I	311,16	—	16,54	18,60	—	8,70	9,79	—	2,—	2,25	—	—	—	—	—	—	—	—	—
	II	215,33	—	17,22	19,37	II	215,33	—	9,35	10,52	—	2,47	2,78	—	—	—	—	—	—	—	—	—	—	—	—
	III	56,66	—	4,53	5,09	III	56,66	—	—	—	—	—	—	—	—	—	—	—	—	—	—	—	—	—	—
	V	635,83	—	50,86	57,22	IV	311,16	—	20,65	23,23	—	16,54	18,60	—	12,56	14,13	—	8,70	9,79	—	5,05	5,68	—	2,—	2,25
	VI	676,16	—	54,09	60,85																				
2 954,99	I,IV	311,83	—	24,94	28,06	I	311,83	—	16,58	18,65	—	8,75	9,84	—	2,03	2,28	—	—	—	—	—	—	—	—	—
	II	216,—	—	17,28	19,44	II	216,—	—	9,40	10,57	—	2,50	2,81	—	—	—	—	—	—	—	—	—	—	—	—
	III	57,16	—	4,57	5,14	III	57,16	—	—	—	—	—	—	—	—	—	—	—	—	—	—	—	—	—	—
	V	636,66	—	50,93	57,29	IV	311,83	—	20,70	23,29	—	16,58	18,65	—	12,60	14,18	—	8,75	9,84	—	5,09	5,72	—	2,03	2,28
	VI	677,—	—	54,16	60,93																				
2 957,99	I,IV	312,58	—	25,—	28,13	I	312,58	—	16,64	18,72	—	8,80	9,90	—	2,06	2,32	—	—	—	—	—	—	—	—	—
	II	216,66	—	17,33	19,49	II	216,66	—	9,44	10,62	—	2,54	2,86	—	—	—	—	—	—	—	—	—	—	—	—
	III	57,66	—	4,61	5,18	III	57,66	—	—	—	—	—	—	—	—	—	—	—	—	—	—	—	—	—	—
	V	637,66	—	51,01	57,38	IV	312,58	—	20,76	23,35	—	16,64	18,72	—	12,65	14,23	—	8,80	9,90	—	5,14	5,78	—	2,06	2,32
	VI	678,—	—	54,24	61,02																				
…		…		…			…		…			…			…			…			…			…	
5 291,99	I,IV	920,83	—	73,66	82,87	I	920,83	—	62,73	70,57	—	52,32	58,86	—	42,43	47,73	—	33,07	37,20	—	24,23	27,26	—	15,91	17,90
	II	795,58	—	63,64	71,60	II	795,58	—	53,18	59,83	—	43,25	48,65	—	33,84	38,07	—	24,96	28,08	—	16,60	18,67	—	8,76	9,86
	III	518,50	—	41,48	46,66	III	518,50	—	33,25	37,40	—	25,28	28,44	—	17,57	19,76	—	10,25	11,53	—	4,12	4,63	—	—	—
	V	1 427,33	—	114,18	128,45	IV	920,83	—	68,13	76,64	—	62,73	70,57	—	57,46	64,64	—	52,32	58,86	—	47,31	53,22	—	42,43	47,73
	VI	1 471,66	—	117,73	132,44																				
5 294,99	I,IV	921,83	—	73,74	82,96	I	921,83	—	62,80	70,65	—	52,39	58,94	—	42,50	47,81	—	33,13	37,27	—	24,29	27,32	—	15,97	17,96
	II	796,50	—	63,72	71,68	II	796,50	—	53,26	59,91	—	43,32	48,74	—	33,91	38,15	—	25,02	28,15	—	16,66	18,74	—	8,82	9,92
	III	519,16	—	41,53	46,72	III	519,16	—	33,30	37,46	—	25,33	28,49	—	17,62	19,82	—	10,29	11,57	—	4,14	4,66	—	—	—
	V	1 428,50	—	114,28	128,56	IV	921,83	—	68,21	76,73	—	62,80	70,65	—	57,54	64,73	—	52,39	58,94	—	47,38	53,30	—	42,50	47,81
	VI	1 472,75	—	117,82	132,54																				
5 297,99	I,IV	922,83	—	73,82	83,05	I	922,83	—	62,88	70,74	—	52,46	59,02	—	42,57	47,89	—	33,20	37,35	—	24,35	27,39	—	16,02	18,02
	II	797,41	—	63,79	71,76	II	797,41	—	53,33	59,99	—	43,39	48,81	—	33,97	38,21	—	25,08	28,22	—	16,71	18,80	—	8,87	9,98
	III	520,—	—	41,60	46,80	III	520,—	—	33,36	37,53	—	25,38	28,55	—	17,68	19,89	—	10,34	11,63	—	4,18	4,70	—	—	—
	V	1 429,58	—	114,36	128,66	IV	922,83	—	68,28	76,82	—	62,88	70,74	—	57,60	64,80	—	52,46	59,02	—	47,45	53,38	—	42,57	47,89
	VI	1 473,91	—	117,91	132,65																				
5 300,99	I,IV	923,83	—	73,90	83,14	I	923,83	—	62,96	70,83	—	52,54	59,10	—	42,64	47,97	—	33,26	37,42	—	24,41	27,46	—	16,08	18,09
	II	798,33	—	63,86	71,84	II	798,33	—	53,40	60,07	—	43,46	48,89	—	34,04	38,29	—	25,14	28,28	—	16,77	18,86	—	8,92	10,04
	III	520,66	—	41,65	46,85	III	520,66	—	33,41	37,58	—	25,44	28,62	—	17,73	19,94	—	10,38	11,68	—	4,22	4,75	—	—	—
	V	1 430,75	—	114,46	128,76	IV	923,83	—	68,36	76,91	—	62,96	70,83	—	57,68	64,89	—	52,54	59,10	—	47,52	53,46	—	42,64	47,97
	VI	1 475,08	—	118,—	132,75																				

Schulbuch Kap. 3.2

3 Grundlagen der Einkommensteuer erörtern

Situation:

Laura Merz, 26 Jahre alt und Mitarbeiterin im Marketing bei der Ulmer Büromöbel AG, hat gestern den Ausdruck der elektronischen Lohnsteuerbescheinigung für das letzte Jahr von ihrem Arbeitgeber erhalten. Für das kommende Wochenende hat sie sich nun vorgenommen, die Steuererklärung für das vergangene Jahr in Angriff zu nehmen.

Laura Merz hat letztes Jahr 38500,00 EUR brutto verdient. Folgende Zahlungen wurden bereits vom zuständigen Finanzamt einbehalten:

- 4092,00 EUR Lohnsteuer
- 327,36 EUR Kirchensteuer

Die junge Marketing-Mitarbeiterin hofft sehr darauf, im Rahmen der von ihr erstellten Steuererklärung einen Teil der bezahlten Steuer wieder vom Finanzamt zurückzubekommen. Zur Erstellung der Steuererklärung hat sie noch folgende Informationen zusammengetragen:

- Laura ist nicht verheiratet und folglich in Lohnsteuerklasse I eingestuft.
- Trotz der niedrigen Zinsen hat Laura auf ihrem Tagesgeldkonto bei einer Direktbank eine Zinsgutschrift von 37,50 EUR bekommen. Sie hat bei der Direktbank den vollen Freistellungsauftrag für Kapitalerträge von 1000,00 EUR erteilt.
- Ihr Weg zur Arbeit beträgt 20 km hin und 20 km zurück nach Hause.
- Laura hat mit der Ulmer Büromöbel AG die Vereinbarung, ggf. auch von zu Hause im „Homeoffice" zu arbeiten; hierzu hat sie sich im vergangenen Jahr einen neuen Laserdrucker für 200,00 EUR angeschafft.
- Um sich beruflich weiterzubilden, hat Laura letztes Jahr einen Englischkurs bei der Volkshochschule belegt, Kosten 220,00 EUR.
- Für ein Kinderhilfsprojekt in Südafrika hat Laura 50,00 EUR gespendet. Hierfür hat sie eine Spendenquittung von der Hilfsorganisation erhalten.

Arbeitsaufträge:

1. Das Nettoeinkommen von Laura Merz war wesentlich niedriger als die 38500,00 EUR brutto. Erläutern Sie, wie die Differenz zwischen Brutto- und Nettoeinkommen zustande kommt.

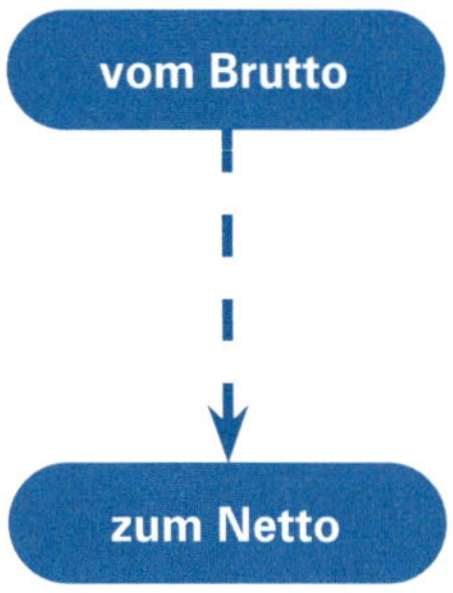

2. Erklären Sie den in der Situation erwähnten Freistellungsauftrag für Kapitalerträge.

Hinweis: Recherchieren Sie hierzu auch im Internet!

3. Berechnen Sie das zu versteuernde Einkommen des vergangenen Jahres von Laura Merz.

	Beträge in EUR
Einnahmen	
– Werbungskosten	
= Zwischensumme	
– Sonderausgaben	
= zu versteuerndes Einkommen (jährlich)	
= zu versteuerndes Einkommen (monatlich)	

4. Berechnen Sie den Betrag, welchen Laura Merz vom Finanzamt zurückerstattet bekommt.

Hinweis: Nutzen Sie für Ihre Berechnungen die Daten aus unten stehender Lohnsteuertabelle!

	Beträge in EUR	
Bereits einbehaltene Lohn- und Kirchensteuer	4092,00 EUR	327,36 EUR
– tatsächliche Einkommensteuer lt. Lohnsteuertabelle		
= Erstattungsbetrag (zu viel bezahlte Steuer)		
Gesamte Rückerstattung vom Finanzamt		

Lohnsteuertabelle:

Kinderfreibetrag			0		0,5		1		1,5		2	
ab €	StK	Steuer	SolZ	KiStr	SolZ	KiStr	SolZ	KiStr	SolZ	KiStr	SolZ	KiStr
2.988,00												
	1	291,91	-	23,35	-	14,74	-	6,69	-	0,42	-	-
	2	197,58	-	-	-	7,68	-	1,06	-	-	-	-
	3	34,66	-	2,77	-	-	-	-	-	-	-	-
	4	291,91	-	23,35	-	18,98	-	14,74	-	10,65	-	6,69
	5	624,16	-	49,93	-	-	-	-	-	-	-	-
	6	663,33	-	53,06	-	-	-	-	-	-	-	-
2.991,00												
	1	292,58	-	23,40	-	14,80	-	6,74	-	0,45	-	-
	2	198,25	-	-	-	7,72	-	1,08	-	-	-	-
	3	35,00	-	2,80	-	-	-	-	-	-	-	-
	4	292,58	-	23,40	-	19,03	-	14,80	-	10,70	-	6,74
	5	624,83	-	49,98	-	-	-	-	-	-	-	-
	6	664,16	-	53,13	-	-	-	-	-	-	-	-
2.994,00												
	1	293,25	-	23,46	-	14,84	-	6,78	-	0,48	-	-
	2	198,83	-	-	-	7,77	-	1,12	-	-	-	-
	3	35,50	-	2,84	-	-	-	-	-	-	-	-
	4	293,25	-	23,46	-	19,08	-	14,84	-	10,74	-	6,78
	5	625,83	-	50,06	-	-	-	-	-	-	-	-
	6	665,16	-	53,21	-	-	-	-	-	-	-	-
2.997,00												
	1	293,91	-	23,51	-	14,90	-	6,83	-	0,51	-	-
	2	199,50	-	-	-	7,82	-	1,15	-	-	-	-
	3	35,83	-	2,86	-	-	-	-	-	-	-	-
	4	293,91	-	23,51	-	19,13	-	14,90	-	10,79	-	6,83
	5	626,83	-	50,14	-	-	-	-	-	-	-	-
	6	666,00	-	53,28	-	-	-	-	-	-	-	-
3.000,00												
	1	294,50	-	23,56	-	14,94	-	6,87	-	0,54	-	-
	2	200,08	-	-	-	7,86	-	1,18	-	-	-	-
	3	36,16	-	2,89	-	-	-	-	-	-	-	-
	4	294,50	-	23,56	-	19,18	-	14,94	-	10,84	-	6,87
	5	627,50	-	50,20	-	-	-	-	-	-	-	-
	6	667,00	-	53,36	-	-	-	-	-	-	-	-

Quelle: www.imacc.de

Schulbuch Kap. 3.3.1

4 Sozialversicherungen von Individualversicherungen abgrenzen

Situation:

Leon Dachser absolviert eine 3-jährige Ausbildung zum Industriekaufmann bei der Ulmer Büromöbel AG. In der Berufsschule arbeitet er gerade an einer Präsentation zum Thema „Unterschied zwischen Sozialversicherung und Individualversicherung".

Er hat sich bisher folgende Unterscheidungsmerkmale notiert:

- Entstehung des Versicherungsverhältnisses
- Versicherte Risiken
- Leistung der Versicherung
- Ziele der beiden Systeme

Helfen Sie Leon bei seinen Vorbereitungen zur Präsentation.

Arbeitsaufträge:

1. Grenzen Sie die Sozialversicherung von der Individualversicherung anhand der von Leon notierten Merkmale ab.

Merkmale	Sozialversicherung	Individualversicherung
Entstehung des Versicherungsverhältnisses		
Versicherte Risiken		

Merkmale	Sozialversicherung	Individualversicherung
Leistung der Versicherung		
Ziele der beiden Systeme		

2. Bei seiner Recherche stößt Leon unter anderem auf die Begriffe „Äquivalenzprinzip“ und „Solidaritätsprinzip“. Grenzen Sie die beiden Fachbegriffe voneinander ab.

Äquivalenzprinzip	Solidaritätsprinzip

5 Rechtsfälle zur Haftpflicht- und Hausratversicherung analysieren

Schulbuch Kap. 3.3.3

Situation:

Stefan Zimmer, Produktionsmitarbeiter bei der Ulmer Büromöbel AG, wohnt mit seiner Ehefrau Sarah und dem 5-jährigen Sohn Emil im Erdgeschoss eines Mehrfamilienhauses am Ulmer Stadtrand zur Miete. Die Familie verfügt über eine private Haftpflichtversicherung sowie eine Hausratversicherung. Vom Vermieter wurde eine Wohngebäudeversicherung abgeschlossen.

Nach der Rückkehr von einer einwöchigen Urlaubsreise, stellt Familie Zimmer fest, dass in ihre Wohnung eingebrochen wurde:

- Das Fenster zum Wohnzimmer wurde aufgehebelt.
- Außerdem wurden sämtliche Schubladen herausgerissen und der Inhalt der Schränke ist in der ganzen Wohnung auf dem Boden verteilt.
- Es fehlt Bargeld in Höhe von 2500,00 EUR.
- Ein vor einem Jahr gekaufter Flatscreen-TV mit einem Neupreis von 1200,00 EUR fehlt. Das Nachfolgemodell kostet aktuell 1400,00 EUR im Fachhandel.
- Die defekten Schubladen können nicht mehr in die Schränke und Kommoden eingesetzt werden, da die Führungsschienen beschädigt wurden. Hierfür fallen Reparaturkosten in Höhe von 500,00 EUR an.

Arbeitsaufträge:

1. Nach dem Einbruch steht Familie Zimmer unter Schock. Zum Glück sind sie gut versichert. Unterscheiden Sie zunächst allgemein zwischen Haftpflichtversicherung und Hausratversicherung, indem Sie die beiden Begriffe definieren.

   Entscheiden Sie, welche Versicherung der Familie Zimmer für den entstandenen Einbruchschaden aufkommen muss.

Haftpflichtversicherung	Hausratversicherung

Für den Einbruchschaden muss die ______________________________ aufkommen.

2. Nennen Sie den Versicherungsort und die versicherte Gefahr.

Versicherungsort	
Versicherte Gefahr	

3. Bestimmen Sie die versicherten Sachen der Familie Zimmer sowie die Summe und erläutern Sie, weshalb die Hausratversicherung den Schaden regulieren muss.

Hinweis: Recherchieren Sie hierzu auch im Internet!

Versicherte Sache	Summe	Erläuterung

Fortsetzung der Situation:

Des Weiteren wurde das Fahrrad von Frau Zimmer aus dem abschließbaren Fahrradkeller entwendet. Unglücklicherweise war der Fahrradkeller aber nicht abgeschlossen und das Fahrrad stand unverschlossen im Raum. Auf dem Weg in den Keller bemerkt Herr Zimmer zudem noch, dass die Einbrecher beim Abtransport des Flatscreen-TV das hölzerne Treppengeländer massiv beschädigt haben.

4. Beurteilen Sie, ob diese Schäden versichert sind und welche Versicherung dann dafür aufkommen muss.

Hinweis: Recherchieren Sie hierzu auch im Internet!

Fahrrad	
Treppengeländer	

5. Prüfen Sie, welche Versicherung in den vorliegenden Fällen zahlen muss.

① = Haftpflichtversicherung ② = Hausratversicherung

A	Sie kollidieren mit einem Radfahrer und dieser bricht sich beim Sturz den rechten Arm.	
B	Sie haben sich vor einigen Monaten einen neuen Laptop für 1 200,00 EUR gekauft. Bei einem Zimmerbrand in ihrer Wohnung wird das Gerät durch Feuer und Rauch vollständig beschädigt.	
C	Durch einen Wasserschaden in Ihrem Keller wird Ihre wertvolle Modelleisenbahn stark beschädigt.	
D	Sie besuchen Ihren Freund Charly und verschütten aus Versehen das Glas Rotwein auf dem Sofa.	

6 Grundlagen der privaten Krankenversicherung darstellen

Schulbuch Kap. 3.3.3.1

Situation:

Der Ingenieur Rainer Sontheim arbeitet seit Beendigung seines Studiums in der Konstruktionsabteilung der Ulmer Büromöbel AG. Herr Sontheim ist bei der Vorstandschaft als hervorragender Mitarbeiter geschätzt und konnte sich sehr schnell intern hocharbeiten. Mittlerweile ist er trotz seiner noch jungen 39 Jahre bereits zum Abteilungsleiter in der Konstruktion aufgestiegen. Rainer Sontheims Jahreseinkommen beträgt nun über 80 000,00 EUR und er überlegt, in die private Krankenversicherung zu wechseln.

In seiner Freizeit ist Rainer Sontheim ein leidenschaftlicher Tennisspieler und im Winter geht er mit seinen Freunden sehr gerne zum Skifahren. Außerdem ist er Nichtraucher und übt keinerlei gefährliche Hobbys aus.

Arbeitsaufträge:

1. Zählen Sie drei Berufsgruppen auf, die sich privat krankenversichern können.

➤ ______________________________

➤ ______________________________

➤ ______________________________

2. Recherchieren Sie die aktuelle Höhe der Versicherungspflichtgrenze (Jahresarbeitsentgeltgrenze) und definieren Sie diese.

Versicherungspflichtgrenze	
Betrag in EUR	
Definition	

3. Begründen Sie, ob Rainer Sontheim in die private Krankenversicherung wechseln sollte.

____

____

____

____

____

____

4. Um eine private Krankenversicherung (PKV) abschließen zu können, stellt jeder Versicherer entsprechende Gesundheitsfragen. Von diesen Fragen hängt die Aufnahme in die PKV ab, aber auch die Höhe des Beitrages (ggf. fällt noch ein Risikoaufschlag an).

Recherchieren Sie im Internet bei Versicherern zu diesem Thema und formulieren Sie fünf typische Gesundheitsfragen.

	Typische Gesundheitsfragen zur Aufnahme in die PKV
1	
2	
3	
4	
5	

5. Erläutern Sie die generelle Problematik bei der Beantwortung der Gesundheitsfragen von Versicherungen.

7 Mit einem Haushaltsplan einer drohenden Überschuldung vorbeugen

Schulbuch Kap. 3.4.2.2

Situation:

Das Ehepaar Susanne und Martin Kobel wohnt mit der 4-jährigen Tochter Lea in einer Mietwohnung in einem Ulmer Vorort. Martin Kobel arbeitet als Sachbearbeiter im Vertrieb bei der Ulmer Büromöbel AG. Er bezieht ein monatliches Nettogehalt von 2612,00 EUR. Seine Frau Susanne arbeitet als Erzieherin in Teilzeit (50 %) und verdient monatlich 1224,00 EUR. Für die Tochter Lea erhält das Ehepaar 259,00 EUR Kindergeld.

Folgende monatlichen Ausgaben müssen die Kobels einplanen:

- 1050,00 EUR Miete
- 180,00 EUR Mietnebenkosten (Gas, Wasser, Müll)
- 90,00 EUR Stromvorauszahlung
- 430,00 EUR für Nahrung und Körperpflege
- 320,00 EUR für Bekleidung und Schuhe
- 110,00 EUR Kindergartengebühr
- 350,00 EUR für Verkehrsmittel (Auto und Monatskarten für den ÖPNV)
- 475,00 EUR für den Autokredit
- 180,00 EUR für Freizeit, Sport und Kultur
- 150,00 EUR Rücklagen für den Urlaub
- 65,00 EUR Mobilfunk- und Rundfunkgebühren
- 175,00 EUR Versicherungsgebühren
- 200,00 EUR Fondsparplan für die Altersvorsorge

Das Girokonto von Familie Kobel ist zwar stets im Haben, weitere Sparguthaben kann die junge Familie allerdings nicht aufweisen.

Arbeitsaufträge:

1. Ordnen Sie die in der Situation aufgelisteten Ausgaben der Familie Kobel nach fix und variabel zu.

Fixe Ausgaben	Variable Ausgaben

2. Die regelmäßige Führung eines Haushaltsplans ist ein wichtiges Element, um nicht in die Schuldenfalle zu „tappen".

   Erstellen Sie den aktuellen Haushaltsplan für Familie Kobel.

   Einnahmen

   = **Summe Einnahmen**

   Fixe Ausgaben

   = **Summe fixe Ausgaben**

   Variable Ausgaben

   = **Summe variable Ausgaben**

   Gesamtergebnis

   = **Frei verfügbares Einkommen**

3. Analysieren Sie die unter Aufgabe 2 erstellte Haushaltsrechnung und arbeiten Sie heraus, welche Ausgaben der Familie Kobel ggf. zu einer Überschuldung führen können.

4. Überprüfen Sie, ob sich Familie Kobel im Falle einer unerwarteten Autoreparatur in Höhe von 1 500,00 EUR verschulden müsste.

5. Geben Sie Familie Kobel zwei Ratschläge, wie sie sich auf unvorhergesehene Ausgaben vorbereiten kann.

Ratschläge für Familie Kobel	
1	
2	

6. Zählen Sie fünf Ursachen auf, die bei einem privaten Haushalt zu einer Zahlungsunfähigkeit und damit auch zur Überschuldung führen können.

Ursachen von Überschuldung

Schulbuch Kap. 3.4.2.3

8 Ein Verbraucherinsolvenzverfahren begleiten

Situation:

Sonja Müller arbeitet als 70 %-Teilzeitkraft in der Einkaufsabteilung der Ulmer Büromöbel AG. Sie wohnt in einem kleinen Dorf am Fuße der Schwäbischen Alb, das ca. 20 km vom Arbeitsplatz entfernt und kaum mit öffentlichen Verkehrsmitteln erreicht werden kann. Ihr Netto-Monatseinkommen bei der Ulmer Büromöbel AG beträgt 1 400,00 EUR.

Im vergangenen Juni eröffnete der Neffe von Sonja Müller ein kleines Computergeschäft in Ulm. Seine Bank verlangte eine Bürgschaft.[1] Deshalb bat der Neffe seine Tante, der Bank gegenüber zu bürgen. Sonja Müller übernahm eine selbstschuldnerische Bürgschaft über 40 000,00 EUR, obwohl sie nur ein Bankguthaben von 15 000,00 EUR besaß. Wider Erwarten entwickelte sich das Geschäft ihres Neffen zum Negativen. Er musste sein Computergeschäft zu Beginn dieses Jahres wegen Zahlungsunfähigkeit aufgeben.

Info „selbstschuldnerische Bürgschaft“:
Durch Abschluss eines Bürgschaftsvertrages zwischen dem Bürgen und dem Gläubiger wird eine Forderung derart gesichert, dass der Bürge neben den eigentlichen Schuldner (den Hauptschuldner) tritt. Der Bürge verpflichtet sich, für die Erfüllung der Verbindlichkeiten des Hauptschuldners (Zins und Tilgung) einzustehen.

Sonja Müller wurde von der Bank in Anspruch genommen und zahlte 18 000,00 EUR. Die Bank droht mit Klage, falls Sonja Müller die restlichen 22 000,00 EUR nicht zahlen sollte. Das pfändbare Monatseinkommen von Sonja Müller beträgt lediglich 300,00 EUR

Arbeitsaufträge:

1. Prüfen Sie, ob Sonja Müller einen Antrag auf ein Verbraucherinsolvenzverfahren stellen kann.

☐ Sonja Müller kann einen Antrag auf Verbraucherinsolvenzverfahren stellen.

☐ Sonja Müller kann keinen Antrag auf Verbraucherinsolvenzverfahren stellen.

Begründung:

1 Die Bürgschaft wird in Bildungsplaneinheit 5, Situation 4 (S. 112 ff.) behandelt.

2. Sonja Müller hat ihrem Antrag auf Verbraucherinsolvenzverfahren einen Schuldenbereinigungsplan beigelegt. Nach diesem Plan möchte sie an die Bank während der Wohlverhaltensperiode monatlich 250,00 EUR überweisen. Der Rest der Forderungen soll erlassen sein. Sonja Müller hat keine weiteren Verbindlichkeiten. Die Bank lehnt den Schuldenbereinigungsplan allerdings ab.

   Prüfen Sie, ob das Insolvenzgericht die Zustimmung zum Schuldenbereinigungsplan ersetzen könnte.

3. Erläutern Sie die Folgen, welche die Ablehnung des Schuldenbereinigungsplans für Sonja Müller hat.

   Hinweis: Pfändbares Vermögen ist nicht vorhanden und den fünf Jahre alten Kleinwagen braucht Sonja Müller, um zu ihrer Arbeitsstelle zu gelangen.

Bildungsplaneinheit 4: Unternehmensgründung

1 Voraussetzungen für die Unternehmensgründung formulieren

Schulbuch
Kap. 4.1

Situation:

Wir gehen zurück zu den Anfängen der Unternehmensgründung von Daniel Stein, dem Gründer des Ursprungsunternehmens der Ulmer Büromöbel AG.

Daniel Stein aus Ulm, 24 Jahre, hat nach dem Fachabitur eine kaufmännische Ausbildung absolviert. Schon früh hat er davon geträumt, sich selbstständig zu machen. Nun möchte er seine Idee in die Tat umsetzen. Aus diesem Grund hat er einen Termin mit Herrn Hirsch, dem Existenzgründungsberater bei der IHK Ulm, vereinbart.

Herr Hirsch: Guten Morgen, Herr Stein. Nehmen Sie Platz. Was kann ich für Sie tun?

Herr Stein: Nun, wie ich Ihnen schon am Telefon gesagt habe, möchte ich mich gerne selbstständig machen.

Herr Hirsch: Was schwebt Ihnen denn da vor? Stellen Sie mir Ihre Idee doch mal vor.

Herr Stein: Ich würde mich gerne mit der Produktion und dem Vertrieb von modernen Büromöbeln selbstständig machen.

Herr Hirsch: Interessant. Wie sind Sie auf Ihre Geschäftsidee gekommen?

Herr Stein: Nun, nach dem Fachabitur habe ich erfolgreich eine kaufmännische Ausbildung als Industriekaufmann bei der König & Klever AG, dem bekannten Büromöbelhersteller, absolviert, bin danach übernommen worden und habe mittlerweile drei Jahre Berufserfahrung sammeln können.

Herr Hirsch: Das hört sich doch schon gut an.

Herr Stein: Zudem habe ich mich als Sohn eines Schreinermeisters mit eigener Schreinerei schon immer für Produktdesign und Innenarchitektur interessiert.

Herr Hirsch: Da bringen Sie ja schon einiges mit, was für den Schritt in die Selbstständigkeit sehr wichtig ist. Glauben Sie denn auch, dass Sie persönlich den Dingen gewachsen sein werden, die als Unternehmer unweigerlich auf Sie zukommen werden?

Herr Stein: Wie meinen Sie das genau?

Herr Hirsch: Nun, …

Arbeitsaufträge:

1. Der Weg in die berufliche Selbstständigkeit ist kein Sonntagsspaziergang, sondern eher eine beschwerliche Bergwanderung. Denken Sie darüber nach, welche persönlichen Voraussetzungen bzw. Charaktereigenschaften man haben sollte, wenn man sich selbstständig machen möchte.

1.1 Halten Sie Ihre Ergebnisse in folgender Tabelle fest.

1.2 Testen Sie, ob Sie die persönlichen Voraussetzungen als Unternehmer erfüllen.

Sind Sie als Unternehmer geeignet? – Finden Sie es heraus!						
Persönliche Voraussetzungen bzw. Charaktereigenschaften		Bewertung				
		–	– –	+ –	+	+ +
1						
2						
3						
4						
5						
6						
7						
8						
9						
10						

2. In der Einstiegssituation werden einige fachliche Voraussetzungen angesprochen, die gegeben sein müssen bzw. hilfreich sind, um sich selbstständig machen zu können. Listen Sie diese und andere, die Ihnen einfallen, auf.

Fachliche Voraussetzungen, um sich selbstständig machen zu können

3. Nennen Sie jeweils drei Vor- und Nachteile, die für Sie damit verbunden sind, sich selbstständig zu machen.

Vorteile	Nachteile

4. Beurteilen Sie die Geschäftsidee von Daniel Stein, sich mit der Produktion und dem Vertrieb von hochwertigen und modernen Büromöbeln selbstständig zu machen.

Chancen	
Risiken	

5. Daniel Stein möchte sich mit einem Büromöbelunternehmen selbstständig machen. Welche anderen Geschäftsideen erscheinen Ihnen in der heutigen Zeit vielversprechend? Lassen Sie Ihrer Fantasie freien Lauf und sammeln Sie mithilfe der kreativen Brainwriting-Methode 6-3-5 Erfolg versprechende Geschäftsideen.

Ablauf der Methode 6-3-5 (Brainwriting)

- Bilden Sie ein Team aus 6 Personen.
- Jedes Teammitglied erhält das vorstrukturierte Formular.
- Tragen Sie in die erste Zeile 3 Ideen ein.
- Nach 5 Minuten wird das Formular an das nächste Mitglied weitergereicht, das wiederum 5 Minuten Zeit hat, weitere Lösungsvorschläge zu notieren.
- Beachten Sie: Man kann sich ausdrücklich von den Ideen seines Vorgängers inspirieren lassen und diese weiterentwickeln oder aber eigene, ganz andere Ideen notieren.
- Wiederholen Sie diesen Schritt 5-mal.

Methode 6-3-5 (Brainwriting)

Ideensammlung: Erfolg versprechende Geschäftsideen

1		**2**		**3**	
4		**5**		**6**	
7		**8**		**9**	
10		**11**		**12**	
13		**14**		**15**	
16		**17**		**18**	

6. Ein wichtiger Schritt auf dem Weg in die Selbstständigkeit ist der Gründungsplan. Hier geht es in erster Linie um die sachlichen Voraussetzungen für eine Unternehmensgründung. Vervollständigen Sie in diesem Zusammenhang folgenden Lückentext.

Weiterführende ausführliche Informationen erhalten Sie auch unter www.ihk-muenchen.de und www.existenzgruender.de.

Der Gründungsplan – Ohne ihn geht nichts!

Der Gründungsplan, auch Businessplan genannt, ist eine (1) ____________ und strukturierte (2) ________________ der Geschäftsidee. Er zeigt, ob die Geschäftsidee (3) ____________ ist und ob (4) ______________ oder Investoren bereit sein werden, als potenzielle Kredit- oder (5) ___________________ zu fungieren. Der Businessplan gliedert sich i. d. R. in mehrere (6) _____________. Im ersten Kapitel stellt sich der Gründer mit all seinen relevanten (7) ______________ und (8) __________________ vor. Im nächsten Kapitel geht es dann um Marktchancen. Was ist meine (9) ___________________? Welche Produkte oder Dienstleistungen sollen (10) _________________ werden und welchen (11) ______________ haben sie? Gibt es schon (12) ___________________ Angebote und wie (13) _____________ Sie sich von den Mitbewerbern ab? Im dritten Kapitel geht man auf die potenziellen (14) ______________ ein. Welche (15) _________________ habe ich im Blick? Wie hoch sind die (16) __________________ meiner Zielgruppe? Das nächste Kapitel sollte sich mit dem (17) ______________ beschäftigen. Zu welchem (18) ____________ soll das Produkt verkauft werden? Soll das Produkt im stationären (19) ______________ platziert werden oder ist ein (20) ____________________ vorteilhafter? In welchen (21) ______________ sollen die Kunden auf das Produkt (22) __________________ gemacht werden? Das fünfte Kapitel betrifft die (23) _________________ Voraussetzungen. Möchte man eine (24) ___________ oder eine andere Rechtsform gründen? Sind Genehmigungen von (25) ______________ nötig? Welche (26) ___________________ sind zu erledigen? Zum Schluss geht es um die Finanzierung. Wie hoch sind die (27) ______________? Wie viel (28) ________________ muss man verkaufen, um einen (29) ______________ zu erzielen? Wie hoch wird der (30) ____________________ sein? Benötigen Sie (31) ___________________ und wer stellt es zur (32) _________________?

Füllwörter							
1	Kapitel	9	Stärken	17	Fremdkapital	25	Handel
2	Kunden	10	tragfähig	18	Verfügung	26	Kapitalbedarf
3	rechtlichen	11	ausführliche	19	Kosten	27	Produkte
4	Behörden	12	Banken	20	Onlinevertrieb	28	Vorstellung
5	Nutzen	13	Kapitalgeber	21	Geschäftsidee	29	Schwächen
6	Formalitäten	14	Gewinn	22	angeboten	30	Zielgruppe
7	GmbH	15	Preis	23	Einkommen	31	vergleichbare
8	Medien	16	aufmerksam	24	Verkauf	32	heben

7. Würden Sie als Unternehmer die richtige Entscheidung treffen? Testen Sie sich selbst.

Bin ich ein Unternehmertyp?

1. Sie eröffnen Anfang des Jahres eine Coffee-Bar. Sie denken, dass Sie sich gegen Ende des Jahres so gut etabliert haben, dass Sie zwei Mitarbeiter benötigen.
   - ☐ Sie stellen die zwei Mitarbeiter schon im Sommer ein, damit sie sich gut einarbeiten können.
   - ☐ Sie beobachten in den kommenden Monaten die Entwicklung und stellen im Herbst erstmal einen Mitarbeiter ein. Später dann evtl. den zweiten Mitarbeiter.
2. Sie stellen fest, dass der Umsatz in den vergangenen Monaten stark zurückgegangen ist. Was unternehmen Sie, um die Gründe für die negative Entwicklung herauszufinden?
   - ☐ Sie schauen sich das Verhalten Ihrer Konkurrenten an und sprechen mit Ihren Kunden.
   - ☐ Sie melden sich bei einem Marketing-Seminar an.
   - ☐ Sie holen sich bei Ihrem Bankberater Rat.
3. Ihre Kunden wünschen sich kurze Lieferzeiten. Aus diesem Grund haben Sie von allen Artikeln größere Mengen auf Vorrat, sodass Sie auch eine größere Nachfrage befriedigen können. Ihr Bankberater ist der Auffassung, dass Ihre Vorgehensweise zu viel Kapital bindet.
   - ☐ Bei Ihnen steht der Wunsch des Kunden an erster Stelle. Das spricht sich rum. Daher ändern Sie nichts.
   - ☐ Sie bestimmen für jeden Artikel die Menge, die Sie auf Vorrat halten wollen. Hierbei orientieren Sie sich an den Bestellmengen Ihrer Kunden und den Lieferzeiten Ihrer Lieferanten.
4. Ihre Geschäfte laufen gut. Sie stecken jede Minute Ihrer Arbeitszeit in das Tagesgeschäft. Dabei bleibt der Überblick für das Gesamtunternehmen etwas auf der Strecke.
   - ☐ Sie konzentrieren sich noch mehr auf das Tagesgeschäft. Wenn man Erfolg haben will, muss man die Details im Blick haben.
   - ☐ Sie versuchen, einen Teil der täglichen Aufgaben an qualifizierte Mitarbeiter zu delegieren, und nutzen die freie Zeit, um sich einen besseren Überblick über das Unternehmen zu verschaffen.
5. Nehmen Sie an, Sie haben sich im Bereich Computertechnik selbstständig gemacht. Sie bieten neben Software auch Computerhardware in Form von PCs und Laptops an. In den letzten Monaten war der Verkauf von PCs stark rückläufig, der Softwareabsatz zunehmend und der Verkauf von Laptops gleichbleibend bei sinkenden Preisen.
   - ☐ Sie geben den Verkauf von Computerhardware auf und konzentrieren sich nur noch auf den Verkauf von Software.
   - ☐ Sie analysieren die Ursachen für die Entwicklung und versuchen gegenzusteuern.

Quelle: https://www.existenzgruender.de/static/etraining/existenzgruendung/existenz/ [...]
(Bundesministerium für Wirtschaft und Energie)

Schulbuch
Kap. 4.2.1
+ 4.2.2

2 Den Markt erforschen

Schauen wir wieder auf das gegenwärtige Geschehen bei der Ulmer Büromöbel AG, denn da läuft es gerade gar nicht so gut …

Situation:

Anfang Februar trifft sich der Vorstand der Ulmer Büromöbel AG, um das vergangene Geschäftsjahr Revue passieren zu lassen. Anwesend sind Herr Heim, Herr Abt und Frau Sapel.

UB Ulmer Büromöbel AG

Herr Heim: Herr Abt, Frau Sapel, die Zahlen, die ich heute Morgen von Herrn Rothacher, unserem Controlling-Abteilungsleiter, bekommen habe, sind wirklich alles andere als erfreulich.

Herr Abt: In der Tat, eine derart negative Entwicklung bei unseren Schreibtischen habe ich nicht erwartet.

Frau Sapel: Ein solcher Gewinneinbruch kommt auch für mich überraschend.

Herr Heim: Wir müssen umgehend handeln. Ich schlage vor, wir verdoppeln einfach unser Werbebudget.

Herr Abt: Herr Heim, bevor wir solche Aussagen tätigen, sollten wir uns das Ganze doch mal genauer anschauen.

Arbeitsaufträge:

1. Nennen Sie das Problem, mit dem die Ulmer Büromöbel AG derzeit zu kämpfen hat.

Problem	

2. Beurteilen Sie, wie Herrn Abts Einwand interpretiert werden kann.

3. Nennen Sie Gründe, die zum Gewinneinbruch bei den Schreibtischen geführt haben könnten.

Mögliche Gründe für den Gewinneinbruch	

4. Nennen Sie vier Konsequenzen, die sich für die Ulmer Büromöbel AG aus dem Gewinneinbruch ergeben.

➤ ______________________________

➤ ______________________________

➤ ______________________________

➤ ______________________________

Fortsetzung der Situation:

Einige Tage später trifft sich die Führungsriege der Ulmer Büromöbel AG, um die weitere Vorgehensweise zu besprechen.

Herr Heim:	Ich bin froh, dass wir die Ursache für unsere Probleme finden konnten.
Herr Abt:	Das ist richtig, Herr Heim. Nur so können wir Erfolg versprechende Gegenmaßnahmen einleiten.
Frau Sapel:	Ganz meine Meinung. Da unsere Schreibtische scheinbar als altmodisch wahrgenommen werden, sollten wir schnellstens modernere Schreibtische auf den Markt bringen.
Herr Heim:	Das sehe ich auch so. Unsere Konstrukteure sind bereits mit der Angelegenheit beauftragt. Ich hoffe, dass sie den Geschmack der Kunden treffen.
Herr Abt:	Nun, darauf alleine sollten wir uns aber nicht verlassen.

5. Erklären Sie, was Herr Abt im Sinn hat, wenn er sich nicht allein auf seine Konstrukteure verlassen möchte.

____

6. Erstellen Sie eine Übersicht (Material 1, siehe S. 80) zum Thema Marktforschung.

Material 1: Übersicht zur Marktforschung

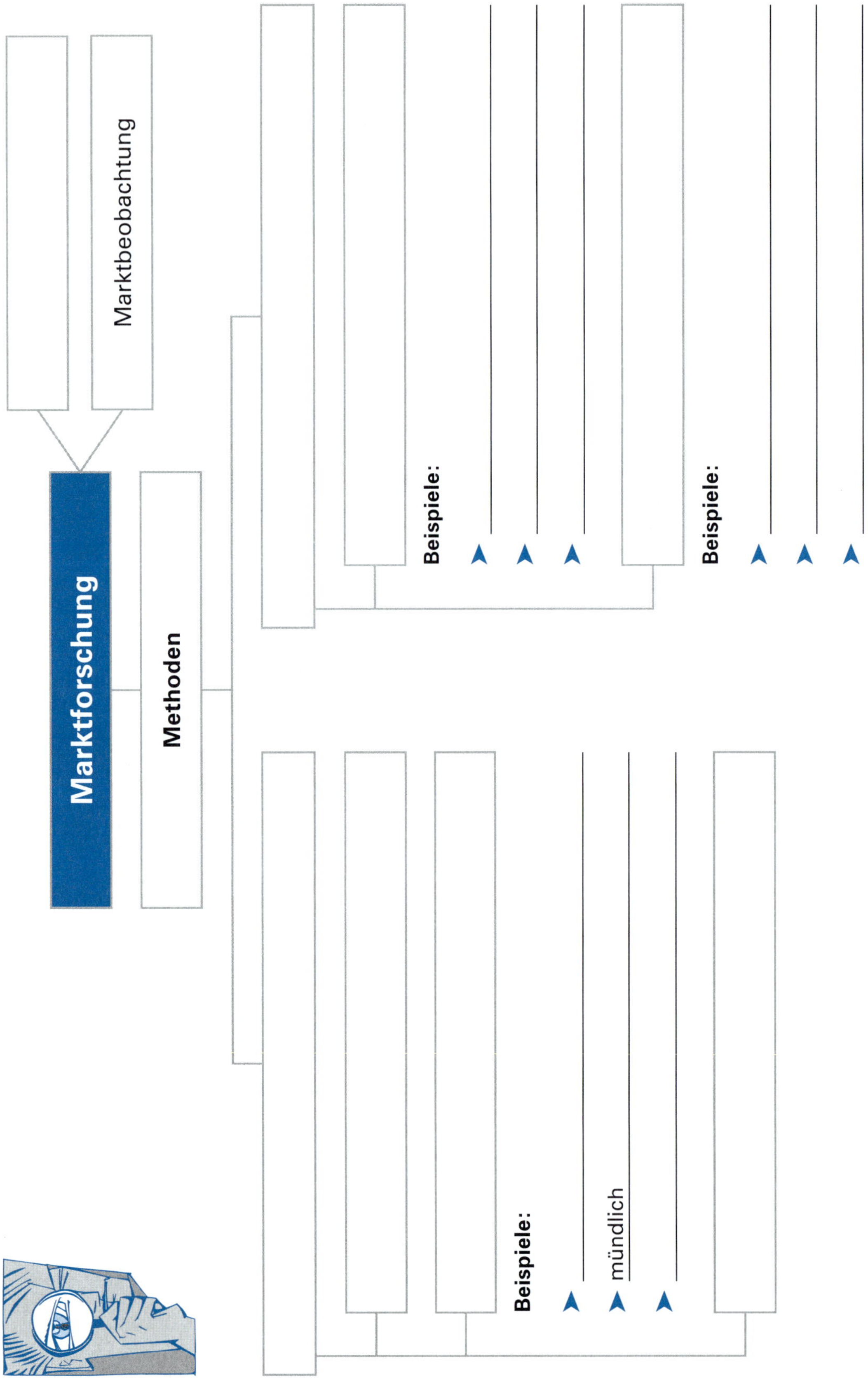

7. Überlegen Sie, wie die unten aufgeführten Informationen beschafft werden können (A) und welche Methode der Marktforschung (B) angewandt wird.

A: 1 = eigene Statistiken
2 = Veröffentlichungen des Bundesverbands der Büromöbelindustrie
3 = Kataloge der Konkurrenten
4 = Fragebogenaktion
5 = Geschäftsberichte der Konkurrenten
6 = Internetauftritt der Konkurrenten

B: 1 = Primärforschung
2 = Sekundärforschung

Nr.	Informationen über ...	A	B
1	Einkaufsvolumen einzelner Kunden		
2	Marktwachstum der Büromöbelbranche		
3	Kaufmotive der Kunden		
4	Marktanteile der Wettbewerber		
5	Kundenwünsche		
6	Reklamationsquote bei der Ulmer Büromöbel AG		
7	Marktvolumen der Büromöbelbranche		
8	Preisvorstellungen der Kunden		
9	Auftragslage in der Büromöbelbranche		
10	Umsatz und Gewinn großer Konkurrenten		
11	Produkte der Konkurrenten		

8. Um einen marktgerechten Schreibtisch entwickeln und auf den Markt bringen zu können, sollen Bestandskunden befragt werden.

8.1 Überlegen Sie sich vier zweckmäßige Fragen, die ausgewählten Kunden im Rahmen einer schriftlichen Fragebogenaktion gestellt werden können.

Nr.	Zweckmäßige Fragestellungen
1	
2	
3	
4	

8.2 Um die Auswertung zu vereinfachen, soll der Fragebogen ausschließlich Fragen mit vorgegebenen Antworten enthalten.

Wählen Sie eine der unter 8.1 erarbeiteten Fragen aus und konzipieren Sie sinnvolle Antwortalternativen. (Zutreffendes bitte ankreuzen!)

Frage			
Antworten	a)		
	b)		
	c)		
	d)		

9. Die Rücklaufquote von Fragebogenaktionen ist häufig sehr gering. Unterbreiten Sie Vorschläge, die sich positiv auf die Rücklaufquote auswirken können.

____

____

____

____

10. Die Ulmer Büromöbel AG unterhält Geschäftsbeziehungen zu 20000 Unternehmen. Die Befragung sämtlicher Kunden wäre zu aufwendig und zu teuer. Aus diesem Grund sollen im Rahmen einer Stichprobe 8 % der Kunden befragt werden.

Aaron Baur, Marketingleiter der Ulmer Büromöbel AG, vertritt die Auffassung, dass der Firmensitz und die Größe des Unternehmens Einfluss auf die Entscheidung über die Anschaffung neuer Büromöbel haben. Daher soll die Stichprobe repräsentativ sein.

Ermitteln Sie unter Berücksichtigung der folgend aufgeführten Kundendaten, wie viele und welche Unternehmen befragt werden sollen. Runden Sie wenn nötig auf zwei Stellen nach dem Komma auf.

Kunden der Ulmer Büromöbel AG im Jahr 20..			
Zahl der Kunden	Großunternehmen	mittlere Unternehmen	Kleinunternehmen
West	1200	8400	2400
Ost	800	6000	1200

Zu befragende Unternehmen		West	Ost
Zahl der zu befragenden Unternehmen (insgesamt)			
Zahl der zu befragenden Unternehmen (West/Ost)			
Großunternehmen	insgesamt		
Mittlere Unternehmen	insgesamt		
Kleinunternehmen	insgesamt		

11. Im vergangenen Jahr hat die Ulmer Büromöbel AG 2000 Stück des Schreibtisches „Standard“ verkauft. Insgesamt gehen Branchenkenner davon aus, dass pro Jahr 40000 Stück Schreibtische in vergleichbarer Qualität des Schreibtisches „Standard“ verkauft werden können. Insgesamt sind in Deutschland im vergangen Jahr 33250 Schreibtische abgesetzt worden.

11.1 Nennen Sie das Marktpotenzial im Markt Schreibtische!

Marktpotenzial	

11.2 Nennen Sie das Marktvolumen im Markt Schreibtische!

Marktvolumen	

11.3 Nennen Sie das Absatzvolumen im Markt Schreibtische!

Absatzvolumen	

11.4 Der gegenwärtige Marktanteil des Schreibtischs „Standard“ liegt bei 6 %. Die Marketingabteilung errechnet einen möglichen erreichbaren Marktanteil von 12 %.

Berechnen Sie das Absatzpotenzial des Schreibtischs „Standard“ mithilfe der folgenden Formel:

Absatzpotenzial (Stück) = Marktpotenzial • erreichbarer Marktanteil in %

Fortsetzung der Situation:

Im Rahmen einer Marktanalyse ist es sinnvoll, neben der Kundenanalyse und der Analyse der Marktgrößen im dritten Schritt eine Wettbewerberanalyse durchzuführen. In diesem Zusammenhang hat die Ulmer Büromöbel AG eine Stärken-Schwächen-Analyse durchgeführt:

Stärken-Schwächen-Analyse der Wettbewerber

Stärken-Schwächen-Analyse	Ulmer Büromöbel AG						König & Klever AG						Fleischer KG					
	mittel			gut			mittel			gut			mittel			gut		
	1	2	3	4	5	6	1	2	3	4	5	6	1	2	3	4	5	6
Design				X								X					X	
Verarbeitungsqualität						X						X				X		
Image						X						X					X	
Beratung					X						X						X	

Stärken-Schwächen-Analyse	Auermann OHG						Pro Office AG						EGS GmbH					
	mittel			gut			mittel			gut			mittel			gut		
	1	2	3	4	5	6	1	2	3	4	5	6	1	2	3	4	5	6
Design				X						X							X	
Verarbeitungsqualität					X						X						X	
Image					X						X						X	
Beratung				X					X								X	

12. 12.1 Werten Sie die Stärken-Schwächen-Analyse der Wettbewerber mithilfe der folgenden Tabelle aus.

Stärken-Schwächen-Analyse		
Wettbewerber	**Punktzahl**	**Rang**
Ulmer Büromöbel AG		
König & Klever AG		
Fleischer KG		
Auermann OHG		
Pro Office AG		
EGS GmbH		

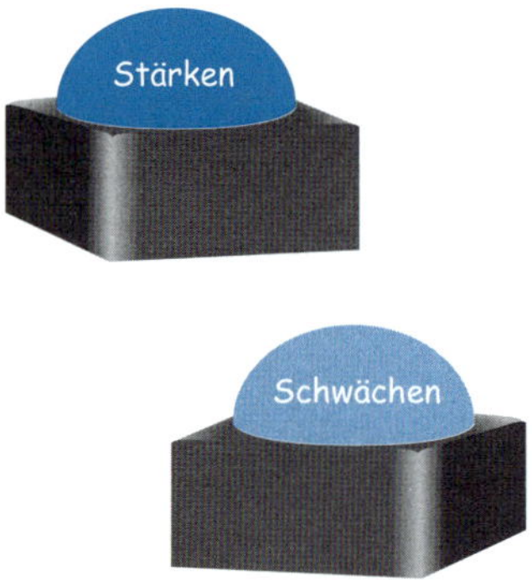

12.2 Analysieren Sie das Ergebnis der Stärken-Schwächen-Analyse unter 12.1 anhand der folgenden Leitfragen.

Auf welchem Rang liegt die Ulmer Büromöbel AG?	
In welchen Bereichen liegen die Stärken der Ulmer Büromöbel AG im Vergleich zum stärksten Wettbewerber?	
In welchen Bereichen liegen die Schwächen der Ulmer Büromöbel AG im Vergleich zum stärksten Wettbewerber?	

Schulbuch Kap. 4.2.3 + 4.2.4

3 Marketinginstrumente einsetzen

Situation:

In den letzten Wochen hat die Ulmer Büromöbel AG im Rahmen der Marktforschung viele Erkenntnisse gewonnen. Auf dieser Basis wurde nun ein moderner Schreibtisch Deluxe entwickelt.

Am ersten Montag im April trifft sich die Führungsriege mit Herrn Baur, dem Leiter der Marketingabteilung, um die weiteren Schritte zu besprechen.

Herr Abt: Liebe Kolleginnen und Kollegen, ich denke, wir können sehr zufrieden sein. Unser neuer Schreibtisch Deluxe erfüllt alle Voraussetzungen, um auf dem Markt erfolgreich zu sein.

Frau Sapel: Auf jeden Fall. Er sieht modern aus und kann in punkto Qualität ganz oben mitspielen. Insgesamt muss man sagen, dass unser Brainstorming eine Menge guter Ideen hervorgebracht hat.

Herr Baur: Zweifellos, wie man am gelungenen Produkt sehen kann. Mir erscheinen allerdings auch andere Ideen vielversprechend. Vielleicht können wir sie zu einem späteren Zeitpunkt realisieren. Jetzt sollten wir uns aber darauf konzentrieren, unseren neuen Schreibtisch bekannt zu machen.

Herr Abt: Ganz meine Meinung. Wir müssen überlegen ...

Arbeitsaufträge:

1. Um den neuen Schreibtisch Deluxe bekannt zu machen, plant der Marketingleiter Herr Baur eine Werbekampagne. Hierbei ist zu berücksichtigen, dass das Unternehmen vorrangig im B2B-Geschäft (Business to Business-Geschäft) tätig ist, d. h., die Kunden sind nicht Privatleute, sondern Unternehmen.

   1.1 Entscheiden Sie, für welche Werbemedien Sie das zur Verfügung stehende Werbebudget verwenden würden. Kreuzen Sie an.

A	Plakate	
B	Messestand	
C	Radio	
D	TV	
E	Manager Magazin	
F	TV-Spielfilm	

G	Kino	
H	Werbebriefe	
I	Soziale Medien	
J	Prospektbeilagen	
K	Der Spiegel	
L	Kicker	

1.2 Wie würden Sie entscheiden, wenn die Ulmer Büromöbel AG im B2C-Geschäft (Business to Consumer-Geschäft) tätig wäre, also in erster Linie Privatkunden beliefern würde?

2. Um auf dem Markt erfolgreich zu sein, ist gutes Marketing unerlässlich. Informieren Sie sich in Ihrem Schulbuch über die vier Entscheidungsfelder des Marketings und vervollständigen Sie die nachfolgende Übersicht.

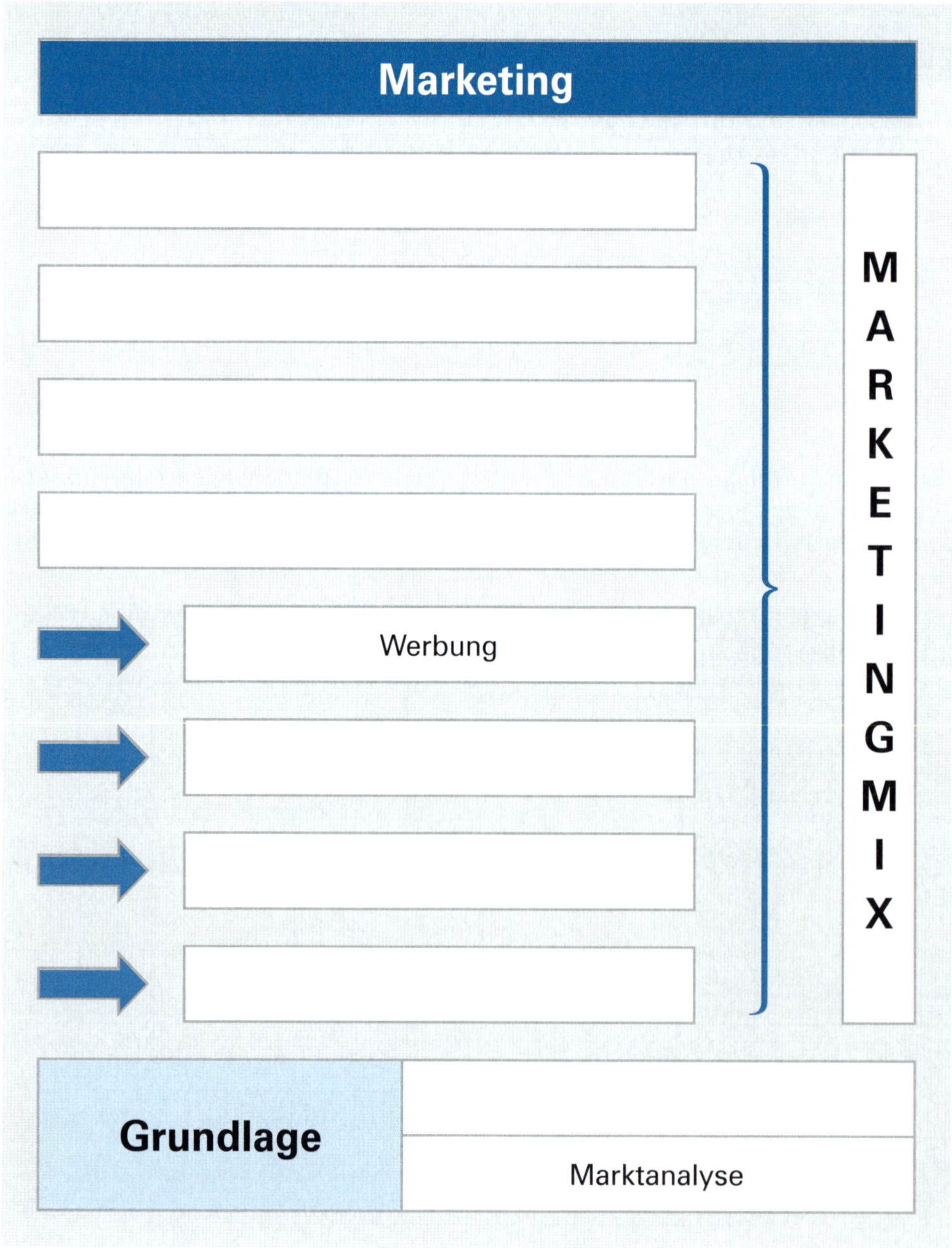

3. Zusätzlich zum selbst produzierten Schreibtisch Deluxe möchte die Ulmer Büromöbel AG hochwertige Schreibtischlampen anbieten, die als Handelsware von einem renommierten Lampenhersteller bezogen werden sollen. Ermitteln Sie anhand der folgenden Informationen mithilfe des vorgegebenen Kalkulationsschemas den Listenverkaufspreis der Schreibtischlampe.

Interne Mitteilung

UB Ulmer Büromöbel AG

an: Alexander Rothacher (Controlling)
von: Anja Vollmer

Abteilung: Buchhaltung
Datum: 04.04.20..
Zeichen: vo

Handelskalkulation Schreibtischlampe Deluxe

Je Schreibtischlampe ist mit folgenden Kosten/Zuschlagssätzen zu rechnen:

Listeneinkaufspreis netto:	50,00 EUR pro Lampe		
Liefererrabatt:	30 %	Gewinn:	20 %
Liefererskonto:	2 %	Vertreterprovision:	5 %
Bezugskosten:	5,00 EUR pro Lampe	Kundenskonto:	2 %
Handlungskostenzuschlagssatz:	60 %	Kundenrabatt:	12 %

Kalkulation von Handelswaren

Kalkulationsschema	Schreibtischlampe Deluxe	Bemerkungen (vom Hundert/im Hundert)
Listeneinkaufspreis		
– Liefererrabatt		
= **Zieleinkaufspreis**		
– Liefererskonto		
= **Bareinkaufspreis**		
+ Bezugskosten		
= **Einstandspreis (Bezugspreis)**		
+ Handlungskosten		
= **Selbstkosten**		
+ Gewinn		
= **Barverkaufspreis**		
+ Vertreterprovision		
+ Kundenskonto		
= **Zielverkaufspreis**		
+ Kundenrabatt		
= **Listenverkaufspreis (netto)**		

4. Grundsätzlich kann ein Unternehmen aus mehreren Marketingstrategien wählen. Für welche Marketingstrategie sollte sich die Ulmer Büromöbel AG entscheiden? Ordnen Sie die Ulmer Büromöbel AG einem der vier Felder zu. Begründen Sie Ihre Meinung.

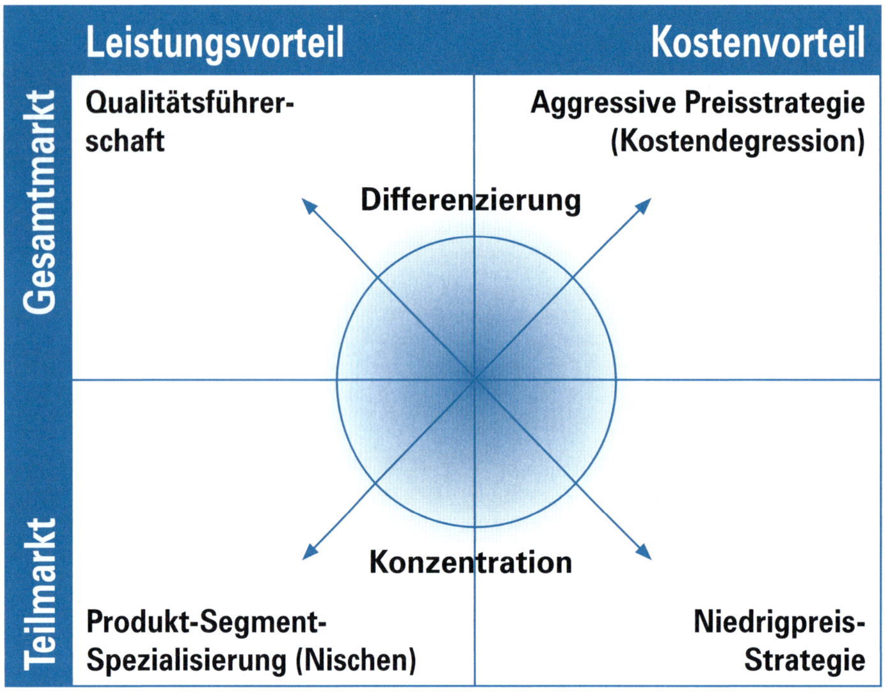

Begründung der Zuordnung:

5. Erläutern Sie, warum es mehr oder weniger unmöglich ist, eine Niedrigpreisstrategie zu verfolgen, wenn gleichzeitig Produkte mit sehr hoher Qualität produziert werden sollen.

Schulbuch Kap. 4.2.5

4 Den Standort für ein Auslieferungslager bestimmen

Situation:

Um die Kunden im nördlichen Teil Deutschlands schneller beliefern zu können, überlegt der Vorstand der Ulmer Büromöbel AG, in NRW ein großes Auslieferungslager zu errichten. Herr Franke und Frau Reuter, zwei Mitarbeiter aus dem Absatzbereich, werden damit beauftragt, einen geeigneten Standort für das Auslieferungslager ausfindig zu machen. Sie beschließen, sich zunächst getrennt auf die Suche zu begeben und anschließend einander von ihren Bemühungen zu unterrichten. Eine Woche später klingelt bei Frau Reuter das Telefon.

Herr Franke: Guten Morgen, Frau Reuter. Ich glaube, ich bin fündig geworden. In Dortmund scheint ein für uns geeignetes Grundstück inkl. der benötigten Lagerhallen zur Verfügung zu stehen.

Frau Reuter: Eine gute Nachricht. Da haben wir ja die Qual der Wahl, denn auch ich habe ein geeignetes Objekt ausfindig gemacht, und zwar in Düsseldorf.

Herr Franke: Nun, dann sollten wir ausrechnen, welche Kosten bei beiden Alternativen auf uns zukommen.

Frau Reuter: Ganz meine Meinung, allerdings sollten wir neben den Kosten auch noch andere Kriterien in unsere Überlegungen mit einbeziehen.

Herr Franke: Einverstanden. Lassen Sie uns die zur Verfügung stehenden Informationen auswerten und anschließend darüber entscheiden, welche Alternative wir unserem Vorstand vorschlagen wollen.

Arbeitsaufträge:

1. Nennen Sie Kriterien, die Frau Reuter und Herr Franke bei ihrer Standortbestimmung berücksichtigen sollten.

	Standortfaktoren „Auslieferungslager“
→	

2. Unterbreiten Sie mithilfe des Formulars zur Standortanalyse (Material 2, siehe S. 92) einen begründeten Vorschlag, für welche Standortalternative sich Frau Reuter und Herr Franke entscheiden sollten.
   - Ermitteln Sie zunächst die jährlich anfallenden Kosten für beide Alternativen (Material 1, siehe S. 91).
   - Vergleichen Sie danach im Rahmen einer Nutzwertanalyse die beiden Alternativen hinsichtlich aller relevanten Standortfaktoren (Material 1, siehe S. 91).

3. Vervollständigen Sie den folgenden Lückentext.

Standortbestimmung (Standortanalyse)

Die Standortbestimmung ist für jedes Unternehmen von großer (1) ________________. Fehlentscheidungen können nur mit erheblichem (2) ____________________ korrigiert werden. Bei der Standortwahl müssen verschiedene (3) ____________________ berücksichtigt werden. Hierbei ist zwischen (4) __________________ und (5) ________________ Standortfaktoren zu unterscheiden. Wichtige quantitative sind insbesondere die (6) ____________, die durch den Erwerb bzw. den Betrieb der Fertigungs- oder Lagerstätte entstehen. Beispiele hierfür sind die (7) __________________________, die (8) ____________________ und die (9) ______________________.

Qualitative Standortfaktoren, wie z.B. die (10) __________________________ oder das (11) ______________________, lassen sich hingegen nicht in (12) __________ ausdrücken.

Die (13) ________________________ bietet die Möglichkeit, sowohl quantitative als auch qualitative Standortfaktoren zu berücksichtigen, um so zu einer fundierteren (14) ____________ ______________ zu gelangen.

Füllwörter:

Arbeitskräftepotenzial	Bedeutung	Energiekosten	Euro
Grundstückskosten	Kosten	Kostenaufwand	Lohnkosten
Nutzwertanalyse	qualitativen	quantitativen	Standortentscheidung
Standortfaktoren	Verkehrsanbindung		

4. Viele Industrieunternehmen haben in den letzten Jahren ihre Produktion ins Ausland verlagert. Insgesamt haben nach Angaben der Technischen Universität München 32 % der besagten Unternehmen zumindest Teilbereiche ausgelagert. Nennen Sie die zwei Hauptargumente für diese Vorgehensweise.

Argument 1	
Argument 2	

Material 1: Rechercheergebnis Standortanalyse

Interne Mitteilung

Ulmer Büromöbel AG

an: Stefan Rößler
von: Nele Reuter, Alexander Franke

Abteilung: Absatz
Datum: 03.11.20..
Zeichen: reu, fra

Standortanalyse Auslieferungslager NRW

1. Analyse der quantitativen Standortfaktoren

Standort Dortmund

Die auf die Nutzungsdauer umgelegten Anschaffungskosten für das Grundstück inkl. Gebäude betragen 200 000,00 EUR jährlich. Die auf die Nutzungsdauer umgelegten Kosten für die Renovierung und Modernisierung der Gebäude betragen 50 000,00 EUR jährlich. Die Kosten für die Lagereinrichtung liegen bezogen auf die Nutzungsdauer bei 30 000,00 EUR jährlich. Pro Jahr sind 40 000,00 EUR Energiekosten zu berücksichtigen. Bei ca. 50 Mitarbeitern ist mit Personalkosten von jährlich 1 620 000,00 EUR zu rechnen. Versicherungsprämien (insbesondere für die Betriebsgebäudeversicherung) gehen mit jährlich 2 000,00 EUR in die Kostenrechnung ein. Sonstige Kosten schlagen mit 20 000,00 EUR pro Jahr zu Buche. Aufgrund der hohen Arbeitslosigkeit in Dortmund können wir EU-Fördermittel für strukturschwache Regionen beantragen. Umgerechnet auf die voraussichtliche Nutzungsdauer beträgt der Zuschuss 30 000,00 EUR jährlich.

Standort Düsseldorf

Die auf die Nutzungsdauer bezogenen Anschaffungskosten für das Grundstück inkl. Gebäude betragen 250 000,00 EUR in Düsseldorf jährlich. Für die Renovierung und Modernisierung der Gebäude sind jährlich 60 000,00 EUR zu veranschlagen. Die anteiligen Kosten für die Lagereinrichtung betragen 30 000,00 EUR jährlich. Energiekosten sind mit 45 000,00 EUR zu berücksichtigen. Bei ca. 50 Mitarbeitern liegen die Personalkosten bei jährlich 1 800 000,00 EUR. Die Kosten für diverse Versicherungen (insbesondere für die Betriebsgebäudeversicherung) betragen 2 000,00 EUR. Die sonstigen Kosten liegen bei 25 000,00 EUR pro Jahr.

2. Analyse der qualitativen Standortfaktoren

Standorte Düsseldorf/Dortmund

Die Zufahrtsmöglichkeiten zu dem Grundstück in Düsseldorf gewährleisten einen reibungslosen An- und Abtransport unserer Büromöbel. Das Grundstück ist sehr weiträumig, sodass die Lkws problemlos be- und entladen werden können. Das Grundstück in Dortmund hingegen ist demgegenüber etwas ungünstiger geschnitten, sodass bei einem hohen Verkehrsaufkommen auf dem Gelände ein recht hoher Rangieraufwand betrieben werden muss, um die Lkws be- und entladen zu können.

Beide Standortalternativen sind direkt an Autobahnen gelegen. Die Entfernung zu den nächstgelegenen Autobahnauffahrten beträgt in beiden Fällen nur wenige hundert Meter, sodass hinsichtlich der Verkehrsanbindung eine schnelle Belieferung unserer Kunden gewährleistet ist.

Ein Vorteil der Standortalternative Düsseldorf besteht darin, dass die angrenzenden unbebauten Grundstücke uns gegebenenfalls die Möglichkeit eröffnen, unser Unternehmen zu einem späteren Zeitpunkt zu erweitern. Bei dem Standort in Dortmund handelt es sich dagegen um ein dichtbesiedeltes Industriegebiet. Eine Erweiterung zu einem späteren Zeitpunkt wird demnach nur schwer zu realisieren sein.

Das Arbeitskräftepotenzial in Dortmund ist aufgrund der hohen Arbeitslosigkeit in dieser Stadt sehr hoch und dürfte unseren Qualifikationsanforderungen voll und ganz genügen. In Düsseldorf selber dürfte es aufgrund der niedrigeren Arbeitslosenquote geringfügig schwieriger sein, geeignete Mitarbeiter zu beschaffen.

Material 2: Formular zur Standortanalyse

UB Ulmer Büromöbel AG

Standortanalyse A/B

I. Kostenkalkulation

	Dortmund	Düsseldorf
Jährliche Kosten der beiden Standorte		

Nebenrechnungen:

II. Nutzwertanalyse (quantitative & qualitative Standortfaktoren)

Hinweise zur Durchführung des Punktwertverfahrens

Schritt 1: Gewichten Sie die aufgeführten Kriterien. Die Summe muss 1,0 ergeben.

Schritt 2: Bewerten Sie die Standorte durch Vergabe von 0 bis 5 Punkten. 5 Punkte stehen hierbei für eine sehr positive Bewertung.

Schritt 3: Multiplizieren Sie die vergebenen Punkte mit der Gewichtung.

Schritt 4: Addieren Sie die unter Schritt 3 ermittelten Punkte zu einer Gesamtpunktzahl.

Standortfaktoren	Gewichtung	Dortmund		Düsseldorf	
		Punkte	gew. Punkte	Punkte	gew. Punkte
Kosten					
An- und Abtransport der Büromöbel					
Verkehrsanbindung					
Erweiterungsmöglichkeiten					
Arbeitskräftepotenzial					
Summe	**1,0**	**Summe**		**Summe**	

Entscheidung	

Begründung: ______________________________

____

____

____

Schulbuch
Kap. 4.3.1
+ 4.3.2

5 Ein Einzelunternehmen gründen

Situation:

Wir gehen zurück zu den Anfängen der Unternehmensgründung von Daniel Stein …

Der Termin bei der Bank ist gut verlaufen. Der Geschäftsplan, den Daniel Stein vorgelegt hat, wurde positiv bewertet. Daher ist die benötigte Kreditsumme bewilligt worden. Und auch Daniel Stein ist sich seiner Sache sicher: Er will eine Einzelunternehmung gründen. Aus diesem Grund vereinbart er einen Termin mit dem Notar Fabian Rohde.

Herr Stein: Guten Morgen, Herr Rohde. Wir haben mein Anliegen ja schon telefonisch besprochen. Wie geht es jetzt weiter?

Herr Rohde: Nun, ich habe alle benötigten Informationen zusammen. Ich möchte Sie nun bitten, den Antrag für den Eintrag ins Handelsregister zu unterschreiben. Anschließend werde ich Ihre Unterschrift öffentlich beglaubigen und das Dokument beim zuständigen Handelsregister einreichen.

Herr Stein: Dann kann es ja losgehen.

Herr Rohde: Noch nicht ganz. Erst müssen Sie mit Ihrem Personalausweis zum Gewerbeamt und Ihr Gewerbe anmelden. Über den Handelsregistereintrag wird das Gewerbeamt dann automatisch unterrichtet.

Herr Stein: Sind noch weitere Dinge zu erledigen?

Herr Rohde: Ja, Sie müssen u.a. Ihre Mitarbeiter bei den Sozialversicherungsträgern, wie den Krankenkassen, anmelden. Und da Sie ja einen Produktionsbetrieb gründen, muss auch noch die zuständige Gewerbeaufsichtsbehörde und der TÜV über die Aufnahme der gewerblichen Tätigkeit informiert werden.

Arbeitsaufträge:

1. Daniel Stein beabsichtigt, ein Einzelunternehmen zu gründen. Informieren Sie sich über die Merkmale dieser Rechtsform, indem Sie den Lückentext (Material 1, siehe S. 94) bearbeiten.

Material 1: Lückentext

Das Einzelunternehmen

Die häufigste Rechtsform bei einer Unternehmensgründung ist das Einzelunternehmen. Wenn man ein Gewerbe anmeldet und keine andere Rechtsform wählt, gründet man automatisch ein (1) ______________. Über die Höhe des aufzubringenden Eigenkapitals gibt es keine gesetzliche (2) ______________. Ein Einzelunternehmer, dessen Gewerbebetrieb einen nach Art und Umfang (3) ______________ eingerichteten Geschäftsbetrieb erfordert, ist gemäß § 1 HGB Istkaufmann. Der Eintrag ins (4) ______________ ist (5) ______________ vorgeschrieben. (6) ______________ können sich überlegen, ob sie sich ins Handelsregister (7) ______________ lassen wollen oder nicht. Die (8) ______________, d. h. der Name des Einzelunternehmers, besteht i. d. R. aus dem (9) ______________ des Einzelunternehmers und muss die Bezeichnung (10) ______________, abgekürzt (11) ______________, enthalten. Der Einzelunternehmer führt die (12) ______________ des Unternehmens und trifft (13) ______________ Anordnungen allein, ohne (14) ______________ anhören zu müssen. Wenn etwas schief läuft, haftet er für alle Schulden mit seinem (15) ______________. Man spricht in dem Zusammenhang von (16) ______________ und unmittelbarer Haftung. Da der Einzelunternehmer das Unternehmerrisiko allein trägt, hat er zum Ausgleich das Recht auf den gesamten (17) ______________. Selbstverständlich hat er im Gegenzug auch den gesamten (18) ______________ zu tragen. Die Kreditwürdigkeit hängt sehr stark von der (19) ______________ des Einzelunternehmers ab. Aufgrund der eher (20) ______________ Gewinne und des häufig nicht sehr (21) ______________ Geschäfts- und Privatvermögens sind die Möglichkeiten, von den Banken hohe und langfristige (22) ______________ zu erhalten, allerdings nicht sehr (23) ______________.

Füllwörter:

- [ ] alle
- [ ] andere
- [ ] e. K.
- [ ] eingetragener Kaufmann
- [ ] eintragen
- [ ] Einzelunternehmen
- [ ] Firma
- [ ] Geschäfts- und Privatvermögen
- [ ] Geschäfte
- [ ] Gewinn
- [ ] großen
- [ ] Handelsregister
- [ ] hoch
- [ ] kaufmännisch
- [ ] Kleinbetriebe
- [ ] Kredite
- [ ] niedrigen
- [ ] Persönlichkeit
- [x] Rechtsform
- [ ] unbeschränkter
- [ ] Verlust
- [ ] Vor- und Zunamen
- [ ] Vorschrift
- [ ] zwingend

2. Ein neu gegründetes Unternehmen muss bei verschiedenen Stellen, z. B. dem Gewerbeamt, angemeldet werden. Entscheiden Sie, welche der nachfolgend genannten Stellen keine Ausfertigung der Gewerbeanzeige erhalten. Kreuzen Sie an.

A	Finanzamt	
B	Bundesagentur für Arbeit	
C	Berufsgenossenschaft	
D	Industrie- und Handelskammer	
E	Gewerbeaufsichtsamt	
F	Krankenkasse	

3. Prüfen Sie, um welche Rechtsform es sich in den folgenden Fällen handelt.

① = Personengesellschaft
② = Kapitalgesellschaft
③ = Einzelunternehmung

A	Müller & Weber GbR	
B	Peter Heller e. K.	
C	Kleine & Co. GbR	
D	Bergmann Bürotechnik GmbH	
E	Ulmer Büromöbel GmbH	
F	Gruber & Berger Schraubentechnik GbR	

4. Entscheiden Sie, welche Aussagen zutreffend sind. Kreuzen Sie an.

A	Der Einzelunternehmer trägt das Risiko alleine.	
B	In der Einzelunternehmung kann schnell eine Entscheidung getroffen werden.	
C	Der Einzelunternehmer muss sich nicht mit anderen abstimmen.	
D	Die Kreditbeschaffungsmöglichkeiten eines Einzelunternehmers sind eingeschränkt.	

Schulbuch Kap. 4.3.2

6 Ein Einzelunternehmen in eine Gesellschaft umwandeln

Situation:

Daniel Stein ist seit drei Jahren mit seiner kleinen Möbelfabrik, der DS Bürodesign e. K., in der Büromöbelbranche tätig. An einem Samstag im August trifft er sich mit Karin Brand, einer ehemaligen Arbeitskollegin, zum Abendessen in der Ulmer Innenstadt.

Daniel Stein: Hallo, Karin. Wir haben uns ja lange nicht mehr gesehen. Wie geht es dir?

Karin Brand: Na ja, wie es eben so geht. Und dir? Wie läuft dein Unternehmen?

Daniel Stein: Die Geschäfte laufen nicht schlecht. Aber als kleines Unternehmen muss man sich ganz schön strecken, um mit den größeren mitzuhalten. Die können einfach viel mehr investieren.

Karin Brand: Wie meinst du das?

Daniel Stein: Ganz wichtig ist z. B. die Fertigungsqualität. Aber die hängt entscheidend von den Fertigungsmaschinen ab – und die sind wahnsinnig teuer.

Karin Brand: Was ist denn mit den Banken?

Daniel Stein: Als Einzelunternehmer ist es gar nicht so einfach, einen Kredit zu bekommen.

Karin Brand: Wie viel Geld brauchst du denn?

Daniel Stein: 200 000,00 EUR sollten es schon sein.

Karin Brand: Eine ganz schöne Summe.

Daniel Stein: Das kann man wohl sagen.

Karin Brand: Hört sich so an, als würdest du dir richtig Sorgen machen.

Daniel Stein: Etwas anders habe ich mir das Ganze schon vorgestellt. Es ist ja nicht nur das Geld. Ich arbeite von früh bis spät und trotzdem bleibt immer vieles liegen. Manches liegt mir auch einfach nicht. Ich bin zwar ein guter Kostenrechner und habe auch viele Ideen, aber gerade der Verkauf ist überhaupt nicht mein Ding. Und ganz ehrlich: Von der Technik verstehe ich auch nicht viel.

Karin Brand: Aber du hast doch deine Mitarbeiter.

Daniel Stein: Schon. Ich kann mich auch nicht beklagen. Aber die sind eben nicht mit dem Unternehmen verheiratet und absolute Top-Leute kann ich auch nicht bezahlen.

Karin Brand: Ich glaube, ich habe da eine Idee.

Arbeitsaufträge:

1. Erläutern Sie, welche Probleme Daniel Stein zu schaffen machen.

____

____

____

____

2. Nennen Sie zwei Vorschläge, die Karin Brand Daniel Stein unterbreiten könnte, und beschreiben Sie jeweils, welcher Nachteil damit für Daniel Stein einhergehen würde.

Vorschlag	Nachteil

3. Daniel Stein und Karin Brand haben sich entschieden, eine Gesellschaft zu gründen. Als dritten Gesellschafter wollen sie Klaus Meier mit ins Boot holen, der bei ihrem alten Unternehmen die Fertigungsabteilung geleitet hat. Alle drei wollen sich nicht nur mit ihrem Kapital am neuen Unternehmen beteiligen, sondern aktiv die Geschicke des Unternehmens lenken. Bei ihrer Suche nach einer geeigneten Rechtsform für ihr Unternehmen stoßen sie auf die **Rechtsformen der GbR und der GmbH.**

   Informieren Sie sich in Ihrem Schulbuch über die beiden Rechtsformen. Vervollständigen Sie die beiden Übersichten (Material 1 und Material 2, siehe S. 99f.), die die charakteristischen Merkmale der beiden Rechtsformen enthalten.

4. Begründen Sie, welche Rechtsform für die drei Jungunternehmer geeignet ist.

____

____

____

5. Nehmen Sie an, Daniel Stein, Karin Brand und Klaus Meier hätten die Ulmer Büromöbel GmbH gegründet. Im ersten Geschäftsjahr hat die Gesellschaft einen Gewinn von 186600,00 EUR erzielt. Verteilen Sie den Gewinn nach der gesetzlichen Regelung.

Gesellschafter	Stammeinlage	Geschäftsanteil in %	Gewinnanteil
D. Stein	160000,00 EUR		
K. Brand	200000,00 EUR		
K. Meier	180000,00 EUR		
Gesamt	540000,00 EUR		

6. **Weiterer Fall:**

Sebastian Wenz und Maike Holm wollen eine GmbH gründen, deren Zweck die Herstellung und der Vertrieb von Computern ist.

6.1 Sebastian Wenz und Maike Holm sind in der Lage, Stammeinlagen in Höhe von 32 000,00 EUR bzw. 48 000,00 EUR zu leisten. Prüfen Sie, ob das Stammkapital ausreicht, um eine GmbH zu gründen.

6.2 Die beiden Gesellschafter wollen Simone Müller, Diplom-Betriebswirtin mit mehrjähriger Berufserfahrung, als Geschäftsführerin einstellen. Begründen Sie, ob dies in einer GmbH zulässig ist.

6.3 Der von der WH Computertechnik GmbH erwirtschaftete Gewinn im ersten Geschäftsjahr betrug 120 000,00 EUR.

Vervollständigen Sie die nachfolgende Tabelle unter Berücksichtigung der gesetzlichen Regelungen.

Gesellschafter	Stammeinlage	Geschäftsanteil in %	Gewinnanteil
Sebastian Wenz	32 000,00 EUR		
Maike Holm	48 000,00 EUR		
Gesamt	80 000,00 EUR		

6.4 Nehmen Sie abweichend von der Annahme unter 6.1 an, die beiden Unternehmer hätten für die Gründung einer GmbH nur 20 000,00 EUR an Eigen- und Fremdkapital zur Verfügung.

Unterbreiten Sie den Gründern einen begründeten Handlungsvorschlag.

6.5 Prüfen Sie, welche Aussagen zur Unternehmergesellschaft (UG) korrekt sind.

A	Die Unternehmergesellschaft (UG) ist keine eigene Rechtsform, sondern eine Mini-GmbH.	
B	Die UG soll die Gründung einer GmbH erleichtern.	
C	Das Stammkapital der UG kann zwischen 1,00 EUR und 24 999,00 EUR betragen. Sacheinlagen sind ebenfalls zulässig.	
D	U. a. ist folgende Firma als Name für das Unternehmen möglich: Pro Cycle E-Bike UG.	
E	Erst wenn das Mindestkapital von 25 000,00 EUR erreicht ist, kann die UG in eine GmbH umgewandelt werden.	

Material 1: Die Gesellschaft bürgerlichen Rechts (GbR)

Gesellschaft bürgerlichen Rechts (GbR)

Gründung

- Sie kann durch mindestens ____________ Gesellschafter gegründet werden.
- Es muss ein ______________________ abgeschlossen werden.
- Eine GbR kann auf ____________ oder auf __________ gegründet werden.

Kapital

- Es ist formal kein __________ Mindestkapital vorgeschrieben.
- Die Gesellschafter müssen die gleichen Beiträge leisten, es sei denn im ______________________ ist etwas __________ vereinbart.

Haftung

- Die Gesellschaft haftet für die Verbindlichkeiten des Unternehmens mit dem ______________________.
- Zudem haften die Gesellschafter ______________, unmittelbar und ________________ mit ihrem ________________.

Geschäftsführung

- Die Geschäftsführung steht __________ Gesellschaftern ____________________ zu.
- Es können aber auch ________ oder einige ____________ Gesellschafter mit der Geschäftsführung beauftragt werden.

Gewinn- und Verlustverteilung

- Jeder Gesellschafter erhält einen ____________ großen Anteil am Gewinn.
- Der ____________ ist ebenfalls zu gleichen Teilen zu tragen.
- Im Gesellschaftsvertrag können auch ____________ Regelungen vereinbart werden.

Material 2: Die Gesellschaft mit beschränkter Haftung (GmbH)

Gesellschaft mit beschränkter Haftung (GmbH)

Begriff

- Die GmbH ist eine Handelsgesellschaft mit eigener ____________________ (juristische Person).
- ____________________, wie z. B. Verträge, kommen zwischen der GmbH und ____________ zustande.
- Die Gesellschafter statten die GmbH lediglich mit ______________ aus.

Mini-GmbH

- Steht an Kapital weniger als ______________ zur Verfügung, kann eine ______________ ____________ (UG) gegründet werden.
- Gewinne dürfen solange nicht voll ausgeschüttet werden, bis das ________________ erreicht ist.
- Ist das Mindestkapital erreicht, kann die UG in eine ____________ umgewandelt werden.

Stammkapital

- Muss mindestens ______________ betragen.

Geschäftsführung

- Obliegt dem ____________________.
- Geschäftsführer können auch die __________________ sein.
- Der Geschäftsführer muss die ______________ der Gesellschafter befolgen.

Haftung

- Die GmbH haftet mit ihrem ____________________ für die Verbindlichkeiten.
- Die Gesellschafter haften nur mit dem Wert ihrer __________________.

Gewinn- und Verlustverteilung

- Gewinne werden im Verhältnis der ____________________ verteilt.
- Im Gesellschaftsvertrag kann etwas ______________ vereinbart werden.
- Verluste werden ebenfalls im ______________ der Geschäftsanteile verteilt.

Bildungsplaneinheit 5: Unternehmensführung an den Beispielen Finanzierung und Personalwesen

1 Finanzierungsanlässe und Ziele der Finanzierung unterscheiden

Schulbuch Kap. 5.1.2

Situation:

Wie jeden Montag trifft sich der Vorstand der Ulmer Büromöbel AG, um anstehende Entscheidungen zu besprechen.

Herr Heim: Guten Morgen, zusammen. Wir haben heute einiges zu besprechen.

Frau Sapel: Das ist richtig. In den nächsten Wochen sind wichtige Entscheidungen zu treffen. Insbesondere die Modernisierung unseres Maschinenparks wird eine Menge Geld verschlingen.

Herr Abt: Das sehe ich auch so. Darüber hinaus müssen wir dringend einige neue Fahrzeuge für unsere Kundendienstmitarbeiter anschaffen.

Herr Heim ruft die entsprechende Datei auf seinem Laptop auf.

Frau Sapel: Das sind insgesamt Investitionen von mehreren hunderttausend Euro. Wie wollen wir das Ganze stemmen?

Herr Abt: Also ganz ohne Fremdkapital wird das wohl nicht klappen.

Herr Heim: Mag sein, aber wir dürfen bei unseren Finanzierungsentscheidungen die Finanzierungsziele nicht außer Acht lassen.

Frau Sapel: Können Sie uns das etwas genauer erklären, Herr Heim?

Herr Heim: Nun …

Arbeitsaufträge:

1. Nennen Sie den Finanzierungsanlass, um den es sich in den obigen beiden Fällen der Ulmer Büromöbel AG handelt.

Finanzierungsanlass	

2. Geben Sie an, um welchen Finanzierungsanlass es sich in den folgenden Fällen handelt.

① = Laufender (ordentlicher) Finanzierungsanlass

② = Besonderer (außerordentlicher) Finanzierungsanlass

A	Zahlung der Einkommensteuer		**D**	Insolvenzen von Kunden	
B	Einkauf von Werkstoffen		**E**	Rationalisierungsmaßnahmen	
C	Bau einer neuen Fertigungshalle		**F**	Lohn- und Gehaltszahlungen	

3. Nennen Sie die vier Finanzierungsziele, die bei Finanzierungsentscheidungen zu berücksichtigen sind.

Finanzierungsziele	
A	
B	
C	
D	

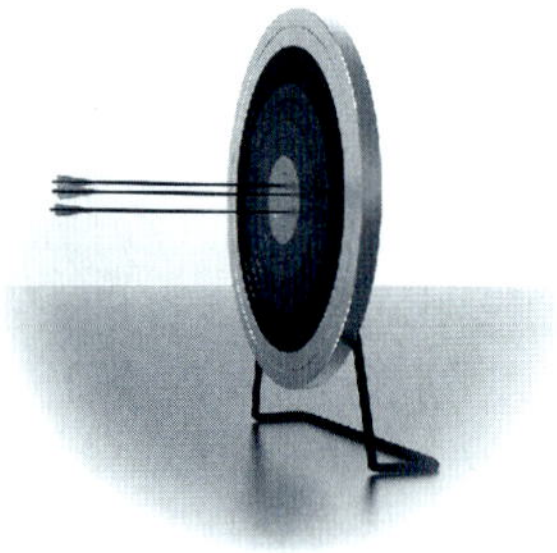

4. Entscheiden Sie, welches Finanzierungsziel in den folgenden Aussagen angesprochen wird.

A	Die Finanzierung soll so gewählt werden, dass die unternehmerischen Freiheiten nicht eingeschränkt werden.	
B	Kredite zur Finanzierung von Investitionsvorhaben sollen möglichst geringe Kreditkosten (Zinsen) verursachen.	
C	Zahlungsverpflichtungen des Unternehmens sollen jederzeit erfüllt werden können.	
D	Kredite sollen für die gesamte Laufzeit der Investition bereitgestellt werden.	

5. Um Kapital für Investitionen zu bekommen, spielen verschiedene Faktoren eine Rolle.

Zählen Sie Faktoren auf, die für die Kapitalaufnahme maßgeblich sind.

➤ ______

➤ ______

➤ ______

➤ ______

➤ ______

➤ ______

➤ ______

Schulbuch Kap. 5.1.4

2 Einen Kontokorrentkredit in Anspruch nehmen

Situation:

Der Ulmer Büromöbel AG liegt eine Rechnung der Scharpf GmbH, einem Großhändler für PC-Hardware, über 10 Multifunktionsdrucker vor.

UB Ulmer Büromöbel AG

Clara Hoffmann aus der Buchhaltungs-Abteilung möchte die Rechnung fristgemäß überweisen. Sie stellt allerdings fest, dass das Firmenkonto der Ulmer Büromöbel AG nur noch ein Guthaben von 2500,00 EUR aufweist. Was nun?

SCHARPF GMBH

Scharpf GmbH · Siemensstraße 1 · 70376 Stuttgart
Ulmer Büromöbel AG
Industriepark 5
89073 Ulm

Kundennummer:	25-32854
Ihr Bestelldatum:	13.02.20..
Telefon:	0711 151617
Fax:	0711 5860
E-Mail:	info@scharpf.de
Datum:	18.02.20..

Rechnung Nr. 2026–2548

Sehr geehrte Damen und Herren,

für unsere erbrachten Leistungen berechnen wir Ihnen wie folgt:

Menge	Artikel	Stückpreis	Gesamtpreis
10	Multifunktionsdrucker „Business Pro"	1350,00 EUR	13500,00 EUR
	Nettobetrag		13500,00 EUR
	+ Umsatzsteuer 19 %		2565,00 EUR
	Bruttobetrag		16065,00 EUR

Bitte überweisen Sie den entsprechenden Betrag innerhalb von 14 Tagen nach Rechnungsdatum.

i. A. *Manuel Becker*

Handelsregister: Amtsgericht Stuttgart – HRB 3523
Bankverbindungen: Commerzbank Stuttgart – IBAN: DE91 6004 0071 0512 6495 00 – BIC: COBADEFFXXX

Arbeitsaufträge:

1. Berechnen Sie die Höhe der Zinsen, wenn das Firmenkonto für insgesamt 10 Tage überzogen werden muss.

   Die Hausbank verlangt einen Sollzinssatz von 12 % für einen eingeräumten Kontokorrentkredit.

   Hinweis: Recherchieren Sie ggf. die Formel zur Zinsberechnung.

➤ Höhe des in Anspruch genommenen Kontokorrentkredits: ______________________ EUR.

➤ Sollzinsen: ____________ EUR.

2. Erläutern Sie Vor- und Nachteile des Kontokorrentkredits aus Sicht der Ulmer Büromöbel AG.

Vorteile	Nachteile

Schulbuch Kap. 5.1.5

3 Darlehensarten vergleichen

Situation:

Um die stärkere Nachfrage nach individuellen Büromöbeln befriedigen zu können, hat sich der Vorstand der Ulmer Büromöbel AG unter Berücksichtigung aller relevanten Kriterien entschieden, in das flexible Fertigungssystem ME 5000 der Grohe Maschinenbau GmbH zu investieren. Die Anschaffungskosten liegen bei 1 200 000,00 EUR. Da diese Summe nicht aus eigenen finanziellen Mitteln bezahlt werden kann, wendet sich die Ulmer Büromöbel AG mit entsprechender Begründung an ihre Hausbank, mit der Bitte um ein Darlehen in genannter Höhe und einer Laufzeit von sechs Jahren.

Nach Prüfung des Investitionsvorhabens unterbreitet die Hausbank der Ulmer Büromöbel AG drei Alternativen, die sich in der Art der Rückzahlung unterscheiden:

① Fälligkeitsdarlehen (Festdarlehen)
② Ratendarlehen (Abzahlungsdarlehen)
③ Annuitätendarlehen

Informationen	① Fälligkeitsdarlehen	② Ratendarlehen	③ Annuitätendarlehen
Darlehenssumme	1 200 000,00 EUR	1 200 000,00 EUR	1 200 000,00 EUR
Auszahlung	100 %	100 %	100 %
Nominalzins	4 %	4 %	4 %
Laufzeit	6 Jahre	6 Jahre	6 Jahre
Tilgung	komplette Tilgung nach 6 Jahren	gleichbleibende Tilgungsraten	feste Annuität[1]

Arbeitsaufträge:

1. Erstellen Sie für jede Darlehensart einen Zins- und Tilgungsplan. Vervollständigen Sie hierzu die in Material 1 zur Verfügung stehenden Vorlagen.

2. Raphael Thanner, Leiter der Abteilung Finanzen, überlegt, welche Darlehensart für die Ulmer Büromöbel AG am geeignetsten ist.

   Vergleichen Sie die drei Darlehensarten hinsichtlich der insgesamt zu zahlenden Zinsen und weiterer Merkmale. Nutzen Sie hierfür die folgende Tabelle.

Darlehensart	Gesamtzinsen	Weitere Merkmale
Fälligkeitsdarlehen		
Ratendarlehen		
Annuitätendarlehen		

1 Hier wird eine feste Gesamtbelastung (Annuität) aus Tilgung und Zinsen vereinbart. Die Gesamtbelastung pro Jahr bleibt also immer gleich.

3. Unterbreiten Sie einen begründeten Vorschlag, für welche Darlehensart sich die Ulmer Büromöbel AG unter folgender Annahme entscheiden sollte:

Aufgrund veralteter Produkte musste die Ulmer Büromöbel AG in der letzten Zeit starke Umsatzrückgänge und damit verbundene Gewinneinbußen hinnehmen. Das Absatzprogramm wurde entsprechend bereinigt. Neue Produkte sollen in Kürze auf dem Markt eingeführt werden. Obwohl man vom Erfolg der Produkte überzeugt ist, geht der Vorstand davon aus, dass die Gewinnschwelle erst in fünf Jahren erreicht wird.

4. Bei manchen Darlehen werden nur 90–98 % der Darlehenssumme ausgezahlt. Die Differenz zu 100 % wird als Disagio bezeichnet. In diesen Fällen ist der effektive Jahreszins höher als der Nominalzins. Berechnen Sie den effektiven Jahreszins für folgendes Darlehen:

Hinweis: Recherchieren Sie die Formel für die Berechnung des effektiven Jahreszinssatzes in Ihrem Schulbuch.

Darlehen	
➤ Darlehenssumme: 80 000,00 EUR	➤ Laufzeit: 5 Jahre
➤ Auszahlung: 94 %	➤ Nominalzins: 3,8 %

Nebenrechnungen:

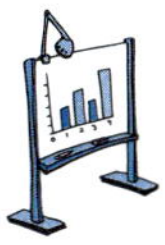

Material 1: Berechnungsvorlagen „Zins- und Tilgungsplan"

① **Fälligkeitsdarlehen (Festdarlehen)**

Jahr	Darlehen Jahresanfang	Darlehen Jahresende	Tilgung	Zinsen	Geldmittel-abfluss
1					
2					
3					
4					
5					
6					
		Summe			

② **Ratendarlehen (Abzahlungsdarlehen)**

Jahr	Darlehen Jahresanfang	Darlehen Jahresende	Tilgung	Zinsen	Geldmittel-abfluss
1					
2					
3					
4					
5					
6					
		Summe			

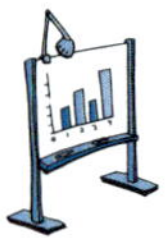

Material 1: Fortsetzung

③ Annuitätendarlehen

Berechnung des Annuitätenfaktors

$$ANF_{n,\,p} = \frac{(1 + p)^n \cdot p}{(1 + p)^n - 1}$$

n = Laufzeit
p = Nominalzinssatz

Jahr	Darlehen Jahresanfang	Darlehen Jahresende	Tilgung	Zinsen	Geldmittelabfluss (Annuität)
1					
2					
3					
4					
5					
6					
		Summe			

Nebenrechnungen:

Weiterer Fall:

Um den Absatz ihrer Produkte im benachbarten Bayern zu steigern, beabsichtigt die Ulmer Büromöbel AG, einen Außendienstmitarbeiter für den Verkauf einzustellen. Diesem soll ein repräsentativer Firmenwagen zur Verfügung gestellt werden. Der Vorstand entscheidet sich nach reiflicher Überlegung für ein entsprechendes Fahrzeug. Der Wagen kostet 60 000,00 EUR. Die in der Bilanz ausgewiesenen liquiden Mittel sind im Moment größtenteils für die Rückzahlung von Lieferantenkrediten vorgesehen, daher sieht man kurzfristig keine Möglichkeit, das Fahrzeug aus eigenen finanziellen Mitteln zu bezahlen. Aus diesem Grund wendet sich die Ulmer Büromöbel AG an ihre Hausbank, mit der Bitte um ein Darlehen in entsprechender Höhe und einer Laufzeit von fünf Jahren.

Nach Prüfung der Kreditwürdigkeit unterbreitet die Hausbank folgende Angebote:

Informationen	**① Fälligkeitsdarlehen**	**② Ratendarlehen**	**③ Annuitätendarlehen**
Darlehenssumme	60 000,00 EUR	60 000,00 EUR	60 000,00 EUR
Auszahlung	100 %	100 %	100 %
Nominalzins	4,2 %	4,2 %	4,2 %
Laufzeit	5 Jahre	5 Jahre	5 Jahre
Tilgung	komplette Tilgung nach 5 Jahren	gleichbleibende Tilgungsraten	feste Annuität

5. Der Vorstand der Ulmer Büromöbel AG vergleicht die Angebote hinsichtlich der Liquiditätsbelastungen.

   Erstellen Sie für jede Darlehensart einen Zins- und Tilgungsplan. Vervollständigen Sie hierzu die unter Material 2 zur Verfügung stehenden Vorlagen.

   Nebenrechnungen:

6. Unterbreiten Sie dem Vorstand einen begründeten Vorschlag, für welche Darlehensart sich die Ulmer Büromöbel AG unter folgender Annahme entscheiden sollte:

   Abgesehen von der kurzfristigen Bindung der finanziellen Mittel für die Rückzahlung der Lieferantenkredite verfügt die Ulmer Büromöbel AG grundsätzlich über genügend liquide Mittel.

Material 2:

① Fälligkeitsdarlehen (Festdarlehen)

Jahr	Darlehen Jahresanfang	Darlehen Jahresende	Tilgung	Zinsen	Geldmittel-abfluss
1					
2					
3					
4					
5					
		Summe			

② Ratendarlehen (Abzahlungsdarlehen)

Jahr	Darlehen Jahresanfang	Darlehen Jahresende	Tilgung	Zinsen	Geldmittel-abfluss
1					
2					
3					
4					
5					
		Summe			

③ Annuitätendarlehen

Jahr	Darlehen Jahresanfang	Darlehen Jahresende	Tilgung	Zinsen	Geldmittelabfluss (Annuität)
1					
2					
3					
4					
5					
		Summe			

Schulbuch Kap. 5.1.7.1 + 5.1.7.2

4 Eine Bürgschaft und eine Sicherungsübereignung als Kreditsicherheit einsetzen

Situation:

Die Holzwurm OHG, ein Lieferant der Ulmer Büromöbel AG aus dem benachbarten Ehingen, bittet die Sparkasse Ulm um ein Darlehensangebot zur Finanzierung zweier Kleintransporter. Das Beratungsgespräch führt Karl Gröger, Geschäftsführer der Holzwurm OHG, mit Tina Rambold von der Sparkasse Ulm. Das Kreditinstitut zieht die Bilanz der Holzwurm OHG des letzten Jahres heran.

Bilanz der Holzwurm OHG zum 31. 12. 20..

Aktiva		Passiva	
I. Anlagevermögen		**I. Eigenkapital**	425 000,00
1. Grundstücke und Bauten	750 000,00	**II. Fremdkapital**	
2. Maschinen	250 000,00	1. Verbindlichkeiten gegenüber Sparkasse Ulm	480 000,00
3. Fuhrpark	175 000,00	2. Verbindlichkeiten gegenüber Commerzbank Ulm	350 000,00
II. Umlaufvermögen		3. Verbindlichkeiten a. L. u. L.	59 500,00
1. Forderungen a. L. u. L.	95 000,00		
2. Kasse	7 500,00		
3. Guthaben bei Kreditinstituten	17 000,00		
4. Wertpapiere	20 000,00		
	1 314 500,00		1 314 500,00

Tina Rambold, Leiterin der Kreditabteilung der Sparkasse Ulm, weist Karl Gröger im Beratungsgespräch auf mögliche Risiken für die Bank bei der Kreditvergabe hin: *„Da es sich bei dem Kredit um insgesamt 115 000,00 EUR handelt und die Bilanz entsprechende Verbindlichkeiten aufweist, legen wir Wert auf eine Sicherung des Kredits.“*

Arbeitsaufträge:

1. Begründen Sie, welche Kreditsicherheit für die zwei Kleintransporter infrage kommt.

Kreditsicherheit für die Kleintransporter	--
Begründung:	

2. Karl Gröger kann seinen Vater Anton Gröger, wohnhaft in der Parkstraße 15 in 89584 Ehingen, als Bürgen für die Holzwurm OHG (Alfred-Nobel-Str. 17, 89584 Ehingen) gewinnen. Der Höchstbetrag der Bürgschaft, den Anton Gröger eingehen möchte, beträgt 125 000,00 EUR.

   Stellen Sie die Rechtsbeziehungen zwischen den an einer Ausfallbürgschaft Beteiligten grafisch dar.

   Hinweis: Verwenden Sie hierzu die vorliegende Strukturskizze und die nachfolgenden Begriffe: *Kreditvertrag, Bürge (Nebenschuldner), Vereinbarung, Hauptschuldner (Kreditnehmer), Hauptanspruch, Gläubiger (Bank), Bürgschaftsvertrag, Nebenanspruch.*

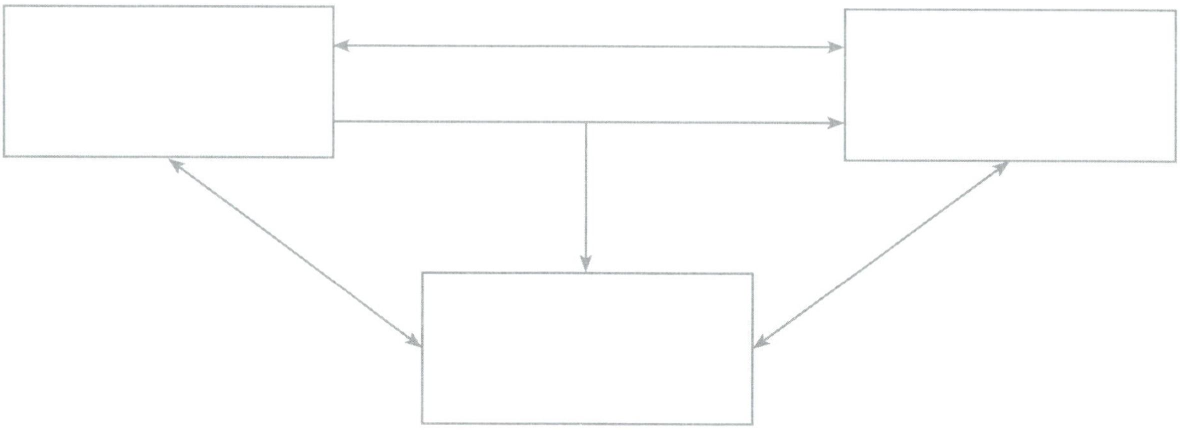

3. Unterscheiden Sie zwischen der Ausfallbürgschaft und der selbstschuldnerischen Bürgschaft.

   Verwenden Sie bei Ihrer Argumentation den Fachbegriff „Einrede der Vorausklage".

   Hinweis: Recherchieren Sie hierzu auch im Bürgerlichen Gesetzbuch (§ 771 ff. BGB).

Ausfallbürgschaft	Selbstschuldnerische Bürgschaft

4. Begründen Sie, welche Art von Bürgschaft – Ausfallbürgschaft oder selbstschuldnerische Bürgschaft – für die Sparkasse Ulm und für Anton Gröger jeweils die bessere Alternative darstellt.

   ➤ Die bessere Alternative für die **Sparkasse Ulm** ist die ______________________________,

   weil ____

   ____.

➤ Die bessere Alternative für **Anton Gröger** ist die ____________________, da ____________

____

____.

5. Geben Sie eine begründete Einschätzung ab, welche Art von Bürgschaft in einem Bürgschaftsvertrag zwischen der Ulmer Sparkasse und Anton Gröger voraussichtlich verabredet würde.

____

____

____

6. Setzen Sie einen Bürgschaftsvertrag für eine selbstschuldnerische Bürgschaft zwischen Anton Gröger und der Sparkasse Ulm auf.

Hinweis: Nutzen Sie hierfür auch das Internet zur Recherche.

BÜRGSCHAFTSVERTRAG

Sparkasse Ulm

____

____

____

____

____

____

____

____

____

____

____

____

____

____

____

____

________________	________________	________________
Ort, Datum	Unterschrift Auftraggeber	Unterschrift Sparkasse Ulm

7. Anton Gröger ist das Risiko, gegebenenfalls als Bürge für den Kredit der Holzwurm OHG herangezogen werden zu können, doch zu hoch. Aus diesem Grund weigert er sich, den Bürgschaftsvertrag zu unterschreiben. Daraufhin erkundigt sich der Geschäftsführer Karl Gröger bei Tina Rambold von der Sparkasse Ulm nach anderen Kreditsicherheiten. Tina Rambold bringt die Möglichkeit der Sicherungsübereignung als Alternative ins Spiel.

   7.1 Stellen Sie in der nachfolgenden Tabelle jeweils zwei Vorteile und zwei Risiken der Sicherungsübereignung sowohl für die Sparkasse Ulm (Kreditgeber) als auch für die Holzwurm OHG (Kreditnehmer) gegenüber.

	Vorteile der Sicherungsübereignung	Nachteile der Sicherungsübereignung
Sparkasse Ulm		
Holzwurm OHG		

   7.2 Erläutern Sie die Besitz- und Eigentumsverhältnisse beim Sicherungsübereignungsvertrag laut BGB.

Schulbuch Kap. 5.1.7.3

5 Eine Grundschuld als Kreditsicherheit einsetzen

Situation:

Zur Finanzierung des Erwerbs ihrer Eigentumswohnung, Kaufpreis 335000,00 EUR, benötigt die Mitarbeiterin der Ulmer Büromöbel AG, Frau Lilly Adorf, ein langfristiges Darlehen in Höhe von 220000,00 EUR.

Die Commerzbank Ulm ist bereit, ihr ein grundschuldgesichertes Annuitätendarlehen in der gewünschten Höhe zu gewähren.

Arbeitsaufträge:

1. Lilly Adorf ist froh, dass sie den Kredit bekommt und freut sich über den Kauf ihrer Eigentumswohnung.

   Beschreiben Sie, wie die Grundschuld für das zugesagte Annuitätendarlehen entsteht.

2. Erläutern Sie, welche Möglichkeiten die Commerzbank Ulm hat, falls Lilly Adorf den Kredit nicht mehr bedienen kann.

3. Erläutern Sie **drei wesentliche Vorteile** der Kreditsicherheit Grundschuld für den Kreditgeber Commerzbank Ulm.

➤ ______________________________

➤ ______________________________

➤ ______________________________

4. Stellen Sie die Gemeinsamkeiten und Unterschiede von Grundschuld und Hypothek[1] gegenüber. Achten Sie darauf, dass folgende Fachbegriffe bei Ihren Überlegungen vorkommen:

Akzessorietät, Grundbuch – Abteilung III, Eigentümerhypothek, Eigentümergrundschuld

Hinweis: Nutzen Sie hierfür das Internet zur Recherche.

1 Die Hypothek ist nicht Gegenstand des Bildungsplans. Aufgrund der historischen Bedeutung wird sie an dieser Stelle behandelt.

Schulbuch Kap. 5.1.8

6 Darlehensfinanzierung mit Leasing vergleichen

Situation:

Die Ulmer Büromöbel AG investiert zu Beginn des laufenden Geschäftsjahres in eine neue Fertigungsmaschine zum Anschaffungspreis von 360 000,00 EUR. Die betriebsgewöhnliche Nutzungsdauer beträgt 6 Jahre.

Folgende Finanzierungsmöglichkeiten stehen zur Auswahl:

Leasingangebot der Deutschen Leasing AG	Kreditangebot der Sparkasse Ulm
➤ Grundmietzeit von 48 Monaten ➤ Jährliche Leasingrate während der Grundmietzeit (zahlbar jeweils am Jahresende): 24 % der Anschaffungskosten ➤ Jährliche Leasingrate nach Ablauf der Grundmietzeit (zahlbar jeweils am Jahresende): 17 % der Anschaffungskosten	➤ Darlehen in Höhe von 360 000,00 EUR ➤ Auszahlung des Darlehens zu 100 % ➤ Sollzinssatz 5 % ➤ Laufzeit von 48 Monaten ➤ Tilgung jeweils am Jahresende in gleichen Raten

Arbeitsaufträge:

1. Prüfen und begründen Sie, welche Art des Leasingvertrages hinsichtlich
   1.1 des Inhalts des Leasingvertrags und
   1.2 der Dauer der Leasingzeit

   vorliegt.

1.1 Inhalt des Leasingvertrags	1.2 Dauer der Leasingzeit

2. Vergleichen Sie das Leasingangebot mit dem Kreditangebot. Ermitteln Sie die Liquiditätsbelastung und den Gesamtaufwand für beide Finanzierungsalternativen während der gesamten Nutzungsdauer. Unterbreiten Sie der Ulmer Büromöbel AG einen begründeten Finanzierungsvorschlag.

   Verwenden Sie zur Lösung die nachfolgenden Tabellen.

Leasingangebot der Deutschen Leasing AG (alle Werte in EUR):

Jahr	Liquiditätsbelastung
1	
2	
3	
4	
5	
6	
Summe	

Kreditangebot der Sparkasse Ulm (alle Werte in EUR):

Jahr	Darlehen Jahresanfang	Zinsen	Tilgung	Liquiditätsbelastung
1				
2				
3				
4				
5				
6				
Summe				

Finanzierungsvorschlag	

3. Das Kreditangebot der Sparkasse Ulm wäre auch als Annuitätendarlehen mit einem Sollzinssatz von 5 % möglich.

   Berechnen Sie die Liquiditätsbelastung während der gesamten Nutzungsdauer, wenn der Kredit als Annuitätendarlehen nach vier Jahren vollständig getilgt sein soll.

   Hinweis: Der Annuitätenfaktor beträgt 0,282012.

Schulbuch Kap. 5.2.2 + 5.2.3

7 Den Personalbedarf berechnen

Situation:

Anfang Dezember bittet Herr Huth, Leiter der Allgemeinen Dienste bei der Ulmer Büromöbel AG, seine Personalleiterin, Frau Kugler, zu sich, um die wirtschaftliche Situation des Unternehmens und deren Auswirkung auf den Personalbereich zu besprechen. Anwesend ist auch Herr Sutter, Abteilungsleiter der Produktion.

Herr Huth: Frau Kugler, Herr Sutter, ich habe gute Nachrichten. Laut der von uns in Auftrag gegebenen Absatzprognose werden wir unsere Absatzzahlen für das kommende Jahr deutlich steigern können. Zuwachsraten im zweistelligen Bereich scheinen im Bereich des Möglichen zu liegen.

Herr Sutter: Eine gute Nachricht. Kapazitäten sind in ausreichendem Maße vorhanden. Aber die Zahl der Mitarbeiter, die im Moment in der Fertigungsabteilung beschäftigt sind, wird nie und nimmer ausreichen. Hier bewegen wir uns schon seit einiger Zeit am untersten Limit.

Herr Huth: Da muss ich Ihnen zustimmen. Aus diesem Grund habe ich auch Frau Kugler hinzugebeten. Ihre Aufgabe wird darin bestehen, den benötigten Personalbedarf zu ermitteln.

Frau Kugler: Keine leichte Aufgabe. Schließlich gehen auch noch einige Mitarbeiter in Rente und andere kehren aus der Elternzeit zurück, um nur einige Beispiele zu nennen. Gibt es sonst noch irgendetwas, das ich wissen muss?

Herr Huth: In der Tat, Frau Kugler. Um die Wettbewerbsfähigkeit unseres Unternehmens zu erhöhen, hat die Geschäftsführung zwei weitere Maßnahmen beschlossen.

Herr Sutter: *zustimmendes Nicken*

Herr Huth: Zum einen wollen wir unsere Position in den neuen Bundesländern stärken, indem wir in Rostock und Dresden zwei Verkaufsbüros einrichten, von denen aus der ostdeutsche Markt bearbeitet werden soll. Die andere Maßnahme ist auf eine Verringerung der Lagerkosten ausgerichtet. Mit einer teilweisen Umstellung auf die Just-in-time-Anlieferung sollen nicht zuletzt auch Personalkosten eingespart werden.

Frau Kugler: Gut, meine Herren, ich mache mich sofort an die Arbeit.

Arbeitsaufträge:

1. Ermitteln Sie mithilfe von Material 1 den Personalbedarf der Ulmer Büromöbel AG für das kommende Jahr. Prüfen Sie für die einzelnen Abteilungen, ob Personal abgebaut oder neue Mitarbeiter eingestellt werden müssen. Verwenden Sie hierzu das zur Verfügung stehende Formular (Material 2).

2. Manche Unternehmen haben mit einer hohen Fluktuationsrate zu kämpfen. Fluktuation bedeutet, dass Mitarbeiter von sich aus kündigen, um bei einem anderen Unternehmen ein neues Beschäftigungsverhältnis zu beginnen. Häufig sind dies gerade die qualifizierten Mitarbeiter. Nennen Sie Ursachen, die zu einer solchen Situation führen können.

➤ ______________________________

➤ ______________________________

➤ ______________________________

➤ ______________________________

➤ ______________________________

3. Nennen Sie konkrete Maßnahmen, die eine Geschäftsführung ergreifen kann, wenn ein schlechtes Arbeitsklima als Ursache für die unter Arbeitsauftrag 2 beschriebene Problematik ausgemacht wurde.

   ➤ ____________________

   ➤ ____________________

   ➤ ____________________

   ➤ ____________________

   ➤ ____________________

Material 1: Interne Mitteilung

Interne Mitteilung

UB Ulmer Büromöbel AG

an: Frau Kugler (Personal)
von: Marc Spitz

Abteilung: Personal
Datum: 10.12.20..
Zeichen: sp

Personalbewegungen im kommenden Geschäftsjahr

Herr Rinke und Herr Bange, beide langjährige Einkaufssachbearbeiter, werden Anfang des Jahres in den Ruhestand versetzt.

Herr Hausmann und Herr Manfeld, Mitarbeiter im Werkstofflager, möchten sich beruflich verändern und haben zum 1. Februar des kommenden Jahres gekündigt. Zudem gehen Herr Meier und Frau Nolte, ebenfalls Mitarbeiter des Werkstofflagers, zum 1. März in Rente.

Frau Dreeg, Mitarbeiterin im Verkauf, kehrt hingegen aus der Elternzeit zurück.

Frau Bresser, Mitarbeiterin in der Fertigung, hat zum 15. Januar des kommenden Jahres aus familiären Gründen gekündigt.

Frau Harder und Herr Schwarz, Sachbearbeiter im Verkauf, haben zum 15. Januar gekündigt. Die Stelle von Frau Harder kann mit Herrn Wolf, einem jungen Mitarbeiter, der zu Beginn des Jahres seine Ausbildung zum Industriekaufmann beenden wird, besetzt werden.

Herr Gerber, Mitarbeiter in der Fertigung, geht zum 1. April des kommenden Jahres in Rente.

Aufgrund der von der Marketingabteilung prognostizierten steigenden Absatzzahlen werden in der Fertigung sechs neue Mitarbeiter benötigt. Auf die übrigen Abteilungen haben die steigenden Absatzzahlen laut Aussagen der zuständigen Abteilungsleiter keine Auswirkungen.

Die Verkaufsbüros in Rostock und Dresden sollen mit je zwei Verkaufssachbearbeitern besetzt werden, die – wie in unserem Hause üblich – auch Außendiensttätigkeiten übernehmen sollen. Organisatorisch sind diese Mitarbeiter der Abteilung Verkauf zuzuordnen.

Durch die Einführung der Just-in-time-Anlieferung in der Abteilung Lager (Werkstoffe) können insgesamt vier Mitarbeiter eingespart werden.

Mit freundlichen Grüßen

Marc Spitz

Material 2: Personalbedarfsermittlung

Personalbedarfsermittlung Fachpersonal 20..					
		Betroffene Abteilungen			
		Einkauf	Lager	Fertigung	Verkauf
Neubedarf					
Minderbedarf					
Zugänge	Elternzeit				
	Übernahme aus Ausbildung				
	Versetzung				
	Sonstiges				
Abgänge (Ersatzbedarf)	Elternzeit				
	Rente				
	Kündigung				
	Sonstiges				
Personalbedarf					

Schulbuch Kap. 5.2.4 + 5.2.5.2

8 Die Personalbeschaffung koordinieren

Situation:

Eine Woche nachdem Frau Kugler ihre Mitarbeiter mit der quantitativen Personalbedarfsplanung beauftragt hat, liegen die Ergebnisse vor:

Gemäß Personalbedarfsplanung werden u. a. vier Verkaufssachbearbeiter mit Außendiensttätigkeit für die beiden Verkaufsbüros in Rostock und Dresden benötigt.

Darüber hinaus benötigt die Ulmer Büromöbel AG unerwartet einen neuen Einkaufsabteilungsleiter, da Herr Bruder aus Krankheitsgründen in Rente geht. Zudem steht Frau Sebert, Sekretärin von Herrn Huth, wegen eines Beinbruchs sechs Wochen nicht zur Verfügung. Für diese Zeit wird eine Aushilfskraft mit Sekretariatserfahrung benötigt. Zusätzlich plant man, zwei Auszubildende für den Ausbildungsberuf Industriekaufmann/-frau einzustellen.

Unverzüglich bittet Frau Kugler den Leiter der Allgemeinen Dienste, Herrn Huth, und den Abteilungsleiter der Produktion, Herrn Sutter, um einen Termin, um die Lage zu besprechen:

Herr Huth: Guten Morgen, Frau Kugler. Was kann ich für Sie tun?

Frau Kugler: Guten Morgen, Herr Huth. Ich wollte Ihnen kurz die Ergebnisse der Personalbedarfsplanung mitteilen. Insgesamt müssen wir ca. 14 neue Mitarbeiter einstellen.

Herr Sutter: Kommen wir denn ganz ohne Kündigungen aus? Ich denke da insbesondere an die Rationalisierungsmaßnahme im Bereich Lager.

Frau Kugler: Erfreulicherweise ja. In diesem Fall kommt uns unter anderem zugute, dass einige Lagermitarbeiter den verdienten Ruhestand antreten, sodass wir Kündigungen vermeiden können.

Herr Huth: Gut, Frau Kugler, dann versuchen Sie bitte, geeignete Mitarbeiter für uns zu finden.

Arbeitsaufträge:

1. Führen Sie vier Möglichkeiten der internen Personalbeschaffung an.

Interne Personalbeschaffung	1	
	2	
	3	
	4	

2. Erläutern Sie, welche Vor- und Nachteile Ihrer Auffassung nach mit einer internen Personalbeschaffung verbunden sind.

Interne Personalbeschaffung	
Vorteile	**Nachteile**

3. Da sich kein Mitarbeiter der Ulmer Büromöbel AG für die Position des Einkaufsabteilungsleiters aufdrängt und auch keine Mitarbeiter für die Stellen als Verkaufssachbearbeiter in den neuen Bundesländern infrage kommen, hat Frau Kugler entschieden, dass die Stellen nicht intern ausgeschrieben werden, sondern die benötigten Mitarbeiter extern beschafft werden sollen.

   Informieren Sie sich in Ihrem Schulbuch über Stellenanzeigen. Verfassen Sie exemplarisch eine aussagekräftige Stellenanzeige,[1] mit deren Hilfe geeignete Bewerber für die Stellen der Verkaufssachbearbeiter mit Außendiensttätigkeiten (zum 01.04.20..) in Dresden gefunden werden können. Nutzen Sie hierzu die Vorlage (Material 1 auf S. 125).

   Geeignete Beispiele für Stellenanzeigen finden Sie zudem in regionalen oder überregionalen Tageszeitungen sowie in Jobbörsen im Internet.

4. Nennen Sie für jede einzelne der zu besetzenden Stellen zweckmäßige, d.h. Erfolg versprechende externe Beschaffungswege.

   Hinweis: Recherchieren Sie hierzu auch im Internet!

Externe Personalbeschaffung			
Zu besetzende Stellen	**Alternative 1**	**Alternative 2**	**Alternative 3**
Verkaufssachbearbeiter mit Außendiensttätigkeit in den Verkaufsbüros			
Abteilungsleiter Einkauf			
Aushilfe Sekretariat			
Auszubildendende Industriekaufmann/-frau			

1 Eine Stellenanzeige wird klassischerweise in einer Tageszeitung geschaltet bzw. häufig auch auf der Unternehmenswebsite veröffentlicht. Die Inhalte der Stellenanzeige sind jedoch auch für alle anderen externen Beschaffungswege (z.B. Job-Portale im Internet, Personalleasing) relevant.

5. Erläutern Sie, welche Vor- und Nachteile Sie in Zusammenhang mit der externen Personalbeschaffung sehen.

Externe Personalbeschaffung	
Vorteile	**Nachteile**

6. Eine Möglichkeit, Personal auf externem Weg zu beschaffen, besteht darin, auf Personalleasing-Agenturen, auch Zeitarbeits- oder Leiharbeitsunternehmen genannt, zurückzugreifen. Informieren Sie sich im Internet über diesen Beschaffungsweg und gehen Sie auf Vor- und Nachteile sowohl für die Ulmer Büromöbel AG als auch für den Leiharbeitnehmer ein.

	Vorteile	**Nachteile**
Entleihunternehmen		
Leiharbeitnehmer		

Material 1: Vorlage zum Verfassen einer Stellenanzeige

Schulbuch Kap. 5.2.5

9 Personal auswählen I (Bewerbungsunterlagen sichten)

Situation:

Nach reiflicher Überlegung hat sich Frau Kugler dazu entschieden, die benötigten Mitarbeiter vorwiegend über Stellenanzeigen in diversen regionalen und überregionalen Tageszeitungen zu beschaffen.

Eine Woche nach Schaltung der Anzeigen liegen Hunderte von Bewerbungen auf ihrem Schreibtisch. Es gilt, die „Spreu vom Weizen zu trennen".

Ist dies geschehen, möchte man im Rahmen von Vorstellungsgesprächen herausfinden, welche Mitarbeiter eingestellt werden sollen.

Arbeitsaufträge:

1. Im Hause der Ulmer Büromöbel AG sollen die benötigten Mitarbeiter anhand der Bewerbungsunterlagen sowie anschließend stattfindender Vorstellungsgespräche ausgewählt werden. Beschreiben Sie zwei weitere Möglichkeiten, Personal auszuwählen.

   ➤ ______________________________

   ____

   ➤ ______________________________

   ____

2. Erstellen Sie mithilfe von Material 1 eine Übersicht zu den Inhalten von Bewerbungsunterlagen. Nutzen Sie hierzu auch den zur Verfügung stehenden Informationstext „Arbeitszeugnis" (Material 2).

3. Für die beiden Stellen Verkaufssachbearbeiter mit Außendiensttätigkeit in Dresden liegen mehrere Bewerbungen vor. Frau Kugler überträgt Ihnen die Aufgabe, sich mit vier dieser Bewerbungen auseinanderzusetzen.

   Sichten Sie die Bewerbungsunterlagen (Materialien 4 bis 7)

   - Anschreiben
   - Lebenslauf
   - Arbeitszeugnis

   der folgenden vier Bewerber

   - Herr Peter Franke
   - Herr Jan Dörner
   - Frau Petra Geyer
   - Herr Bernd Witt

   und unterbreiten Sie Frau Kugler einen begründeten Vorschlag, welche Bewerber Sie zu einem Vorstellungsgespräch einladen würden.

   Nutzen Sie hierzu das zur Verfügung stehende Auswertungsformular (Material 3).

Material 1: Struktur „Inhalte von Bewerbungsunterlagen“

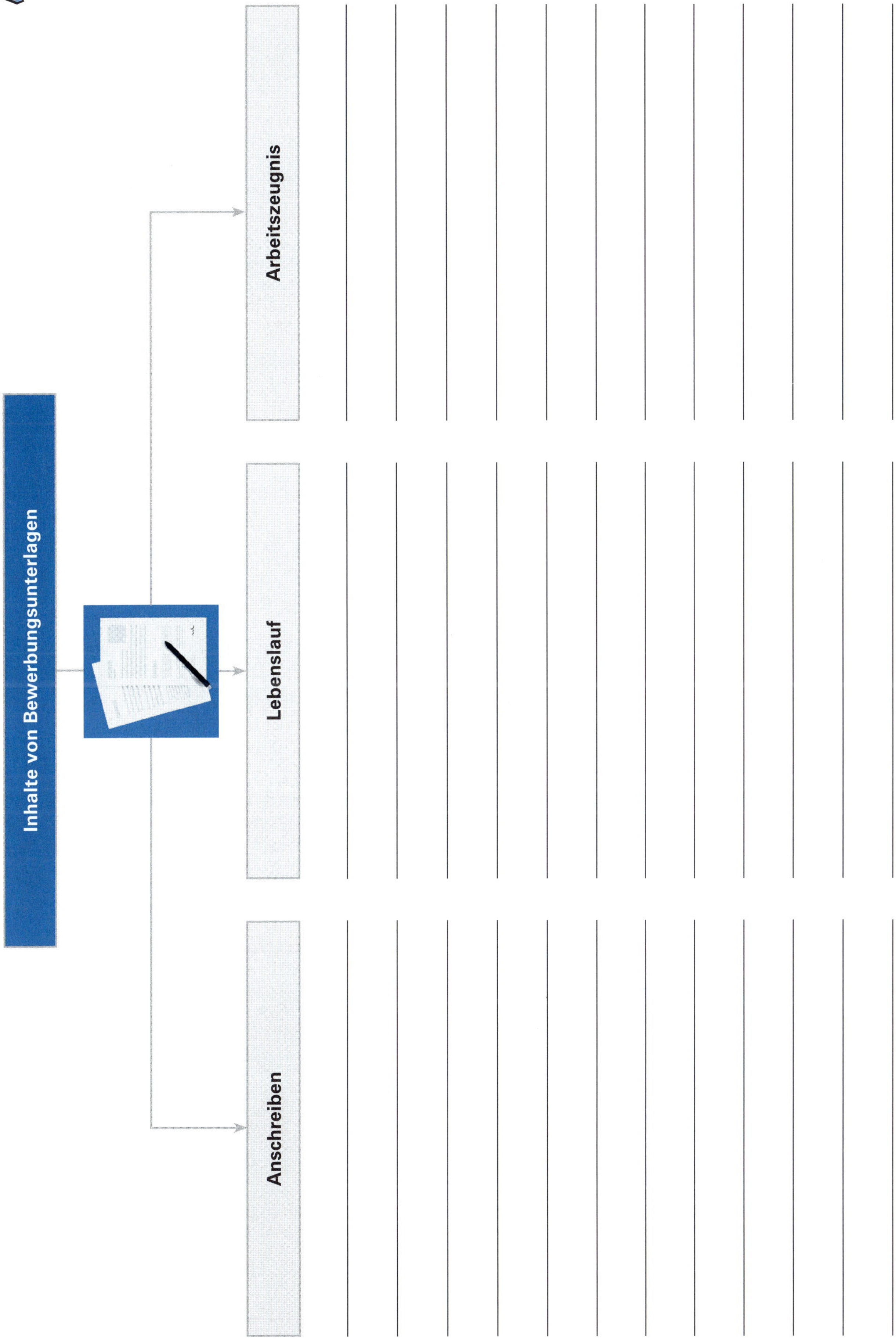

Material 2: Auszug aus dem 1 x 1 des Personalmanagements

A

1x1 des Personal-managements

Arbeitszeugnis

Aussagekräftige Arbeitszeugnisse sind für einen erfolgreichen Arbeitsplatzwechsel von großer Bedeutung. Daher dürfen sie in den Bewerbungsunterlagen auf keinen Fall fehlen. Gemäß BGB § 630 hat jeder Arbeitnehmer nach Beendigung des Arbeitsverhältnisses das Recht auf ein Arbeitszeugnis. Hierbei kann der Arbeitnehmer zwischen dem einfachen und dem qualifizierten Arbeitszeugnis wählen.

Das einfache Zeugnis enthält Angaben zur Person, Art der Beschäftigung, Dauer des Beschäftigungsverhältnisses sowie Beendigungsgründe. Aussagen über Leistung und Führung des Mitarbeiters werden im Gegensatz zum qualifizierten Arbeitszeugnis nicht getroffen.

Das qualifizierte Arbeitszeugnis soll bescheinigen, in welcher Qualität der Arbeitnehmer die ihm gestellten Aufgaben bewältigt hat und wie sein Verhalten insgesamt aus Arbeitgebersicht beurteilt wird. Ein qualifiziertes Arbeitszeugnis ist üblicherweise folgendermaßen aufgebaut:

- Überschrift (z. B. Arbeitszeugnis)
- Einleitung (Angaben zu Person, Tätigkeit und Beschäftigungsdauer)
- Tätigkeitsbeschreibung (Tätigkeiten, Verantwortung, berufliche Entwicklung innerhalb des Unternehmens)
- Leistungsbereitschaft (z. B. Arbeitsbereitschaft, Arbeitsbefähigung, Arbeitsweise, Arbeitserfolg, zusammenfassende Zufriedenheitsbeurteilung)
- Verhaltensbeurteilung (gegenüber Vorgesetzten, Kollegen und Dritten, zusammenfassende Verhaltensbeurteilung)
- Abschluss (Gründe für die Beendigung des Arbeitsverhältnisses)
- Dankes-Bedauern-Formel (Dank für die geleistete Arbeit bzw. die Zusammenarbeit, Zukunftswünsche)

Der Arbeitgeber ist rechtlich gehalten, seinem Arbeitnehmer ein wohlwollendes Zeugnis auszustellen. Dies hat zur Folge, dass die verwendeten Formulierungen meist positiv klingen, sich aber eine Art Geheimcode entwickelt hat, der in chiffrierter Form signalisiert, was wirklich gut und was schlecht war. Der verwendete Geheimcode sorgt nicht selten für Verwirrung, denn nicht jeder Personalleiter oder Geschäftsführer kennt die entsprechenden Formulierungen. Es kommt i. d. R. auf die „kleinen“, unscheinbaren Worte an.

Hier einige Beispiele:

Die Beschreibung von Zufriedenheit im Arbeitszeugnis ohne weitere Zusätze attestiert lediglich ausreichende Leistungen. Im Zusammenhang mit den Formulierungen „zur vollen Zufriedenheit“ oder besser noch „zur vollsten Zufriedenheit“, einer sprachlichen Steigerung, werden qualifiziertere Leistungen attestiert. Gute bzw. sehr gute Leistungen bedürfen der Zusätze „stets“ oder „jederzeit“. Heißt es „erledigte im Großen und Ganzen seine Aufgaben zu unserer Zufriedenheit“ oder „wurde den vielseitigen Aufgaben im Wesentlichen gerecht“ oder „wurde den Erwartungen im Wesentlichen gerecht“, werden damit unzureichende Leistungen attestiert.

Material 3: Auswertungsformular „Bewerbungen“

	Bewerber 1 Peter Franke	Bewerber 2 Jan Dörner	Bewerber 3 Petra Geyer	Bewerber 4 Bernd Witt
Anschreiben				
Lebenslauf				
Arbeitszeugnis				
Vorstellungsgespräch?	☐ ja ☐ nein	☐ ja ☐ nein	☐ ja ☐ nein	☐ ja ☐ nein

Material 4: Bewerber 1

Peter Franke

Naumannstr. 50
01309 Dresden
Tel.: 0351 / 8044189
E-Mail: p.franke@gmx.de

Ulmer Büromöbel AG
Personalabteilung
Frau Kugler
Industriepark 5
89073 Ulm

Dresden, 15. 01. 20. .

Ihre Anzeige in der Süddeutschen Zeitung vom 14. 01. 20..
Verkaufssachbearbeiter mit Außendiensttätigkeit

Sehr geehrte Frau Kugler,

in der o. a. Anzeige beschreiben Sie einen Arbeitsbereich, der mich in höchstem Maße interessiert.

Die Erfahrungen aus meiner Berufspraxis decken sich mit Ihren fachlichen Anforderungen. Ebenso können Sie von mir gute Fähigkeiten im Umgang mit Mitarbeitern sowie Kunden erwarten. Diese Kompetenzen habe ich durch meine mehrjährige Tätigkeit als Verkäufer im Außendienst erworben.

Aufgrund meiner beruflichen Aktivitäten in unterschiedlichen Branchen bin ich kommunikationsstark, verantwortungsbewusst und habe große Freude an abwechslungsreichen Tätigkeiten. Umfangreiche kaufmännische Kenntnisse gehören ebenso zu meinem Profil wie umfangreiches Wissen über Verkaufsstrategien und Verkaufspsychologie.

Ich freue mich, Ihnen in einem weiteren, persönlichen Gespräch einen noch umfassenderen Eindruck von mir zu vermitteln, und verbleibe in Erwartung Ihres Terminvorschlages.

Mit freundlichen Grüßen

Peter Franke

Anlagen
Lebenslauf
Arbeitszeugnis

Fortsetzung:

Lebenslauf

zu meiner Person

Peter Franke
geboren am 08.02.1994 in Chemnitz
verheiratet/ein Kind

angestrebte Position

Verkaufssachbearbeiter
mit Außendiensttätigkeit

beruflicher Werdegang

11/2021 – heute	Fleischer Büromöbel OHG in Leipzig Verkäufer im Außendienst
08/2015 – 10/2021	Tewes Büroartikel KG in Chemnitz Verkaufssachbearbeiter

schulische und berufliche Ausbildung

08/2012 – 07/2015	Borgmann Chemie AG in Chemnitz Ausbildung zum Industriekaufmann Abschluss: Kaufmannsgehilfe
08/2003 – 07/2012	Franz-Borbig-Gymnasium Chemnitz Abschluss: Allgemeine Hochschulreife

Weiterbildung

08/2022	WBS Training AG Kaufvertrag und Kaufvertragsstörungen
06/2021	VA-Akademie Überzeugend vor Kunden präsentieren
02/2020	VA-Akademie Erfolgreich akquirieren
09/2019	KB Qualifizierungszentrum Verkaufsgespräche führen

Sonstiges

Führerschein	Klasse B (Pkw)
Sprachen	Englisch in Wort und Schrift
EDV	SAP-Auftragsbearbeitung, Windows, MS PowerPoint, MS Word und MS Excel
Interessen	Laufsport, Krafttraining und Mountainbike

Dresden, 15. 01. 20. .

Peter Franke

Fortsetzung:

TEWES

Büroartikel KG • Chemnitz

Zeugnis

Herr Peter Franke, geb. am 08.02.1994 in Chemnitz, trat am 01.08.2015 als Verkaufssachbearbeiter in unser Unternehmen ein.

Aufgrund seiner guten Auffassungsgabe konnte die Einarbeitung in seinen Aufgabenbereich als Verkaufssachbearbeiter schnell und problemlos erfolgen. Schon sehr bald arbeitete er vollkommen selbstständig.

Zu den wesentlichen Tätigkeiten in seinem Arbeitsbereich gehörten der telefonische Verkauf und die Kontaktpflege zu unserer Kundschaft, die selbstständige Bearbeitung der eingehenden Interessentenanfragen, das Erstellen von Angeboten, die Auftragsannahme und -bearbeitung.

Herr Franke verfügt über gute Fachkenntnisse, die er in seiner täglich anfallenden Arbeit sicher und effizient einsetzt. Stets erledigte er alle ihm übertragenen Aufgaben zu unserer vollsten Zufriedenheit.

Besonders zu betonen ist seine hohe Einsatzbereitschaft sowie seine Loyalität gegenüber unserem Unternehmen. Durch seine freundliche, kooperative Wesensart war er bei seinen Vorgesetzten und Kollegen stets gleichermaßen beliebt, wie auch geschätzt. Auch gegenüber unseren Kunden war sein Verhalten jederzeit vorbildlich.

Herr Franke ist zum 31.10.2021 auf eigenen Wunsch aus unserem Unternehmen ausgeschieden, um sich einer neuen Herausforderung zu stellen. Wir respektieren seine Entscheidung, danken für die geleistete Arbeit und wünschen ihm für seine berufliche wie auch private Zukunft alles Gute und viel Erfolg.

Chemnitz, 31.10.2021

Tewes Büroartikel KG

Paul Meier — Kai Müller

Paul Meier
Personalleiter

Kai Müller
Abteilungsleiter

Fortsetzung:

Ulmer Büromöbel AG

Anmerkung zu Bewerber 1:

Ulmer Büromöbel AG
Industriepark 5, 89073 Ulm
Registergericht Ulm HRB 84759
USt-ID Nr. DE 68 837 465
Vorstand: Robert Heim (Vorsitzender), Achim Abt, Kathrin Sapel
Vorsitzende des Aufsichtsrats: Sarah Kern

Bankverbindungen:
Commerzbank Ulm
IBAN: DE85 6304 0053 0041 4400 18 BIC: COBADEFFXXX
Sparkasse Ulm
IBAN: DE61 6305 0000 0041 4500 75 BIC: SOLADES1ULM

Material 5: Bewerber 2

Jan Dörner
Bleibtreustraße 80
10623 Berlin
E-Mail: jan.doerner@gmx.de

Ulmer Büromöbel AG
Personalabteilung
Industriepark 5
89073 Ulm

Berlin, 15.01.20..

Ihre Stellenanzeige

Sehr geehrte Damen und Herren,

hiermit möchte ich mich auf Ihre Stellenanzeige bewerben, da mich die ausgeschriebene Position sehr reizt und ich nach Dresden übersiedeln möchte, da meine Frau beruflich dorthin versetzt wurde.

Seit Jahren bin ich in ungekündigter Stellung als Verkaufssachbearbeiter bei einem Büromöbelunternehmen in Magdeburg tätig. Die Tätigkeit schließt sowohl Kundenakquise als auch Kundenbetreuung vor Ort ein. Auch die anderen von Ihnen genannten Anforderungen decke ich durch meine bisherige Berufserfahrung ab.

Besonders gefällt mir die Möglichkeit beruflich zu verreisen, da ich mich auch privat sehr fürs Reisen interessiere. Auch die Möglichkeit an Trainingsmaßnahmen teilzunehmen würde mir sehr gefallen, da man sich meiner Meinung nach ein Leben lang fortbilden sollte.

Wir sollten also miteinander ins Gespräch kommen. Dann kann ich Ihnen gerne weitere Informationen über meine Person geben. Ich stehe Ihnen für einen Vorstellungstermin jederzeit zur Verfügung.

Mit freundlichen Grüßen

Jan Dörner

Anlagen
Lebenslauf
Arbeitszeugnis

Fortsetzung:

Lebenslauf

Persönliche Daten

Name:	Jan Dörner Bleibtreustraße 80 10623 Berlin E-Mail: jan.doerner@gmx.de
Geburtsdatum:	10.03.1987
Familienstand:	verheiratet, 1 Kind
Schulbildung	
08/1997 – 07/2003	Kolping Realschule Berlin Abschluss: Fachoberschulreife
08/2003 – 07/2005	Höhere Handelsschule Berlin Abschluss: Fachhochschulreife (schulischer Teil)
08/2005 - 07/2008	Krause KG in Berlin Ausbildung zum Bürokaufmann
Beruflicher Werdegang	
08/2008 - 04/2021	Velbinger Mineralstoffe GmbH in Berlin Sachbearbeiter Verkauf
06/2022 - heute	Langhans Büromöbel in Magdeburg Sachbearbeiter Verkauf
Weiterbildung	
09/2017 - 12/2017	Personal-Training Frentzen KG Grundkurse in Windows, MS Word und MS Excel
09/2018	Nowak Trainingszentrum OHG Verkäufertraining
Sonstiges	
Sprachen	Englisch
EDV	SAP-Auftragsbearbeitung, Windows, MS Word und MS Excel
Führerschein	Klasse C (LKW)
Interessen	Sport, Lesen

Berlin, 15.01.20..

Jan Dörner

Fortsetzung:

Velbinger Mineralstoffe GmbH - Berlin

Zeugnis

Herr Jan Dörner, geb. am 10.03.1987 in Berlin, war vom 01.08.2008 bis zum 30.04.2021 in unserer Abteilung Verkauf als Verkaufssachbearbeiter tätig. Zu seinen Aufgaben gehörte sowohl die Auftragsanbahnung als auch die Auftragsbearbeitung.

Herr Dörner war ein motivierter Mitarbeiter, der die ihm gesetzten Ziele verfolgte. Er besitzt ein solides Grundwissen in den von ihm bearbeiteten Aufgabengebieten. Herr Dörner erledigte seine Aufgaben termingerecht, korrekt und zufriedenstellend. Die Arbeitsqualität entsprach im Allgemeinen den Anforderungen/Erwartungen, wobei er stets mit Nachdruck daran arbeitete, die vorgegebenen Ziele zu erreichen.

Herr Dörner war lernmotiviert und hat sich neben seinem Beruf weitergebildet.

Die Leistungen von Herrn Dörner entsprachen unseren Erwartungen.

Sein Verhalten gegenüber Kollegen, Vorgesetzten und Kunden war gut. Wir lernten Herrn Dörner als einen meinungs- und diskussionsfreudigen Mitarbeiter kennen, der Kritik üben, aber meist auch akzeptieren konnte.

Berlin, 30.04.2021

Velbinger Mineralstoffe GmbH

K. Gerber
Personalleiter

O. Manfeld
Abteilungsleiter

Fortsetzung:

Ulmer Büromöbel AG

Anmerkung zu Bewerber 2:

Ulmer Büromöbel AG
Industriepark 5, 89073 Ulm
Registergericht Ulm HRB 84759
USt-ID Nr. DE 68 837 465
Vorstand: Robert Heim (Vorsitzender), Achim Abt, Kathrin Sapel
Vorsitzende des Aufsichtsrats: Sarah Kern

Bankverbindungen:
Commerzbank Ulm
IBAN: DE85 6304 0053 0041 4400 18 BIC: COBADEFFXXX
Sparkasse Ulm
IBAN: DE61 6305 0000 0041 4500 75 BIC: SOLADES1ULM

Material 6: Bewerber 3

Petra Geyer ▶ Limbacher Straße 120 ▶ 09116 Chemnitz ▶ Tel.: 0371/53 67 88 ▶ E-Mail: petra.geyer@web.de

Ulmer Büromöbel AG
Personalabteilung
Frau Kugler
Industriepark 5
89073 Ulm

Chemnitz, 15.01.20..

Meine Bewerbung als Ihre Verkaufssachbearbeiterin mit Außendiensttätigkeit
Ihre Anzeige in der Süddeutschen Zeitung vom 14.01.20..

Sehr geehrte Frau Kugler,

mit großem Interesse habe ich Ihre Anzeige gelesen und möchte mich Ihnen als motivierte Mitarbeiterin vorstellen. Sie beschreiben in Ihrer Anzeige eine Herausforderung, die mich sehr interessiert.

Seit Jahren bin ich als Verkäuferin im Außendienst in einem großen Unternehmen der Büroartikelbranche tätig. Dabei konnte ich Verhandlungsgeschick und Überzeugungskraft unter Beweis stellen. Hohe Flexibilität und Einsatzbereitschaft runden mein Profil ab.

Es würde mich freuen, wenn Sie mich nach Prüfung meiner Bewerbungsunterlagen zu einem Vorstellungsgespräch einladen.

Mit freundlichen Grüßen

Petra Geyer

Anlagen
Lebenslauf
Arbeitszeugnis

Fortsetzung:

Lebenslauf

Persönliche Daten
Petra Geyer
geb. am 08.05.1991 in Berlin
ledig/keine Kinder

Angestrebte Position

Verkaufssachbearbeiterin
mit Außendiensttätigkeit

Beruflicher Hintergrund

01/2020 – heute	Gerlinger Präsentationstechnik OHG in Berlin Verkäuferin im Außendienst
08/2013 – 01/2020	Heinemann Büroartikel KG in Dresden Verkäuferin im Außendienst

Schul- und Berufsausbildung

08/2010 – 07/2013	Gerlinger Präsentationstechnik AG Ausbildung zur Bürokauffrau Abschluss: Bürokauffrau
08/2001 – 07/2010	Gymnasium Konrad Adenauer Berlin Abschluss: Allgemeine Hochschulreife

Weiterbildung

03/2023	Instatik OHG – Systematische Neukundengewinnung
06/2021	Instatik OHG – Das erfolgreiche Verkaufsgespräch
04/2020	Instatik OHG – Die erfolgreiche Preisverhandlung
01/2019	Weiterbildungsinstitut Daum KG – Mit Reklamationen umgehen

Sonstiges

Führerschein	Klasse B (Pkw)
Sprachen	Englisch, Französisch
EDV	Windows, MS Word, MS Excel, MS PowerPoint, SAP-Auftragsbearbeitung

Interessen	Digitale Spiegelreflex-Fotografie, Laufsport

Chemnitz, 15.01.20..

Petra Geyer

Fortsetzung:

HEINEMANN
BÜROARTIKEL KG
DRESDEN

Arbeitszeugnis

Frau Petra Geyer, geb. am 08.05.1991 in Berlin, war vom 01.08.2013 bis zum 31.01.2020 als Verkäuferin in unserem Unternehmen tätig.

Frau Geyer war für unser Verkaufsgebiet Süd-Ost eigenverantwortlich zuständig. Dabei hat sie mit hohem Einsatz die Betreuung unserer Stammkunden gepflegt und sich besonders bei der Akquisition von Neukunden profiliert. Es ist ihr mehrfach gelungen, uns bei Großunternehmen als Hauptlieferant zu etablieren.

Wegen ihrer fachlich ausgezeichneten Kenntnisse, verbunden mit einer positiven Einstellung zu unserem Unternehmen, schätzen wir Frau Geyer als wertvolle Mitarbeiterin. Sie war stets engagiert und aufgeschlossen und führte ihre Tätigkeiten immer mit vollem Einsatz erfolgreich aus. Ihre Arbeitsqualität war jederzeit weit überdurchschnittlich. Durch mehrere Weiterbildungen hat sie die Zahl unserer Kunden beträchtlich erhöhen können.

Frau Geyer erfüllte ihre Aufgaben stets zu unserer vollsten Zufriedenheit.

Aufgrund ihrer kooperativen Haltung war Frau Geyer immer bei Vorgesetzten und Kollegen anerkannt und beliebt. Ihr Auftreten gegenüber Kunden war jederzeit makellos und sie war als kompetente und freundliche Gesprächspartnerin anerkannt.

Frau Geyer verlässt unser Unternehmen auf eigenen Wunsch. Wir bedauern dies sehr und wünschen ihr beruflich und persönlich alles Gute und weiterhin viel Erfolg.

Dresden, 31.01.2020

Heinemann Büroartikel KG

R. Schmidt — A. Bauer

R. Schmidt
Personalleiter

A. Bauer
Abteilungsleiter

Fortsetzung:

Ulmer Büromöbel AG

Anmerkung zu Bewerber 3:

Ulmer Büromöbel AG
Industriepark 5, 89073 Ulm
Registergericht Ulm HRB 84759
USt-ID Nr. DE 68 837 465
Vorstand: Robert Heim (Vorsitzender), Achim Abt, Kathrin Sapel
Vorsitzende des Aufsichtsrats: Sarah Kern

Bankverbindungen:
Commerzbank Ulm
IBAN: DE85 6304 0046 0041 4400 18 BIC: COBADEFFXXX
Sparkasse Ulm
IBAN: DE61 6305 0000 0041 4500 75 BIC: SOLADES1ULM

Material 7: Bewerber 4

Bernd Witt • Lennestr. 89 • 201069 Dresden • Tel.: 0351 / 8044189 • E-Mail: bernd.witt@t-online.de

Ulmer Büromöbel AG
Personalabteilung
Industriepark 5
89073 Ulm

Ihre Anzeige im Dresdener Boten vom 14.01.20..

Sehr geehrte Damen und Herren,

hiermit beziehe ich mich auf die o.g. Stellenanzeige und übersende Ihnen meine Bewerbungsunterlagen. Ich glaube, dass ich Ihr Unternehmen mit meiner Person bereichern werde, und möchte gerne für Sie arbeiten.

Ich denke an eine Position mit beruflicher Verantwortung, in der ich meine Kenntnisse voll nutzen und weitere Erfahrungen sammeln kann.

Ich bin ausgebildeter Industriekaufmann und habe mich im Verkaufsbereich weitergebildet. Langjährige Erfahrungen in selbstständiger Sachbearbeitung in der Möbelbranche ergänzen mein Profil. Sollten meine Kenntnisse in dem einen oder anderen Bereich nicht ausreichend sein, bin ich auch gern bereit, mich jederzeit weiterzubilden.

Ich würde mich freuen, wenn ich mit dieser Bewerbung Ihr Interesse geweckt habe und Sie mich zu einem persönlichen Gespräch einladen würden.

Mit freundlichen Grüßen

Bernd Witt

Anlagen
Lebenslauf
Arbeitszeugnis

Fortsetzung:

Lebenslauf

Bernd Witt
geboren am 20.03.1986 in Berlin
Lennestr. 89
01069 Dresden
Tel.: 0351 / 8044189
E-Mail: bernd.witt@t-online.de
verheiratet/ein Kind

Schulbildung

08/2002 – 07/2004	Höhere Handelsschule Berlin Abschluss: Fachhochschulreife
08/2004 – 07/2007	Meininger OHG in Berlin Ausbildung zum Industriekaufmann

Beruflicher Werdegang

08/2007 – 07/2015	Meininger OHG Berlin Sachbearbeiter Verkauf
08/2015 – 09/2022	Frohwein Bürosysteme KG Berlin Verkäufer im Außendienst
11/2023 – heute	Westermann AG Magdeburg Verkäufer im Außendienst

Weiterbildung

08/2018 – 10/2018	Broich GmbH Rhetorik
07/2022	Kompetenzzentrum Keller KG Erfolg im Verkauf

Sonstiges

Sprachen	Französisch, Spanisch
EDV	MS Office, SAP-Modul: Auftragsbearbeitung
Interessen	Reisen

Dresden, 15.01.20..

Bernd Witt

Fortsetzung:

FROHWEIN **Bürosysteme KG**
Berlin

Arbeitszeugnis

Herr Bernd Witt, geboren am 20.03.1986 in Berlin, wurde am 01.08.2015 als Verkäufer im Außendienst in unserem Unternehmen eingestellt.

Nach Einarbeitung übernahm Herr Witt das Verkaufsgebiet Dresden/Leipzig zur umsatzverantwortlichen Bearbeitung.

Sein Aufgabengebiet umfasste sowohl die Akquisition von Neukunden als auch die Betreuung des bestehenden Kundenstamms. Hierbei war er auch mit der Abwicklung von Reklamationen betraut. Herr Witt erfüllte seine Aufgaben erwartungsentsprechend. Hierbei wurde er den fachlichen Anforderungen gerecht. Er zeigte keinerlei Unsicherheiten bei der Ausführung seiner Arbeitsaufgaben. Seine Arbeitsqualität war im Großen und Ganzen zufriedenstellend. Er war stets daran interessiert, seine ausbaufähigen Fachkenntnisse in den Dienst des Unternehmens zu stellen. Er hat die ihm übertragenen Arbeiten zu unserer Zufriedenheit erledigt.

Seine Zusammenarbeit mit Vorgesetzten und Kollegen war gut. Auch seine Zusammenarbeit mit Kunden war jederzeit ohne Beanstandung.

Herr Witt verlässt unser Unternehmen am heutigen Tag, um sich beruflich zu verändern. Für die von ihm erbrachten Leistungen bedanken wir uns. Wir wünschen Herrn Witt viel Glück.

Dresden, 30.09.2022

Frohwein Bürosysteme KG

G. Ziegler S. Opalla

G. Ziegler
Personalleiter

S. Opalla
Abteilungsleiter

Fortsetzung:

UB Ulmer Büromöbel AG

Anmerkung zu Bewerber 4:

Ulmer Büromöbel AG
Industriepark 5, 89073 Ulm
Registergericht Ulm HRB 84759
USt-ID Nr. DE 68 837 465
Vorstand: Robert Heim (Vorsitzender), Achim Abt, Kathrin Sapel
Vorsitzende des Aufsichtsrats: Sarah Kern

Bankverbindungen:
Commerzbank Ulm
IBAN: DE85 6304 0046 0041 4400 18 BIC: COBADEFFXXX
Sparkasse Ulm
IBAN: DE61 6305 0000 0041 4500 75 BIC: SOLADES1ULM

Schulbuch Kap. 5.2.5.4

10 Personal auswählen II (Vorstellungsgespräche durchführen)

Situation:

Frau Kugler, Personalleiterin der Ulmer Büromöbel AG, stimmt dem Vorschlag ihrer Mitarbeiter zu, zwei der vier Bewerber für die beiden Stellen Verkaufssachbearbeiter mit Außendiensttätigkeit in Dresden zu einem Vorstellungsgespräch nach Ulm einzuladen. In diesem Zusammenhang telefoniert sie mit Frau Sigg, der Leiterin des Verkaufs.

Frau Kugler: Guten Morgen, Frau Sigg. Es geht um die Stellen im neuen Verkaufsbüro in Dresden. Zwei Bewerber machen einen sehr guten Eindruck. Wir haben daher beschlossen, die beiden Kandidaten zu einem Vorstellungsgespräch einzuladen. An diesen Gespräch sollten Sie, als zukünftige Vorgesetzte, natürlich auch teilnehmen. Wäre Ihnen Montag, der 25. Februar gegen 15:00 Uhr recht?

Frau Sigg: Das sind gute Nachrichten, Frau Kugler. In den neuen Bundesländern sind wir bislang wahrlich nicht gut vertreten. Und was den Termin angeht, der passt mir sehr gut.

Frau Kugler: Schön, Frau Sigg, dann werde ich alles Nötige in die Wege leiten.

Arbeitsaufträge:

1. Erläutern Sie ausführlich, was Frau Kugler im Vorfeld erledigen muss, damit am 25.02.20.. um 15:00 Uhr die Vorstellungsgespräche durchgeführt werden können.

2. Bilden Sie sechs Arbeitsgruppen und setzen Sie sich als Gruppe mit der Rolle eines Gesprächsteilnehmers auseinander (Materialien 1 bis 4).

Vorstellungsgespräch 1		
Ulmer Büromöbel AG Frau Kugler	Ulmer Büromöbel AG Frau Sigg	Bewerber 1 Herr Franke
Gruppe 1	**Gruppe 2**	**Gruppe 3**

danach

Vorstellungsgespräch 2		
Ulmer Büromöbel AG Frau Kugler	Ulmer Büromöbel AG Frau Sigg	Bewerber 2 Frau Geyer
Gruppe 4	**Gruppe 5**	**Gruppe 6**

Arbeitshinweise Gruppe 1, 2, 4 und 5 (Vertreter/-in der Ulmer Büromöbel AG)

Bereiten Sie sich auf das Vorstellungsgespräch vor, indem Sie insbesondere folgende Aspekte berücksichtigen:

- Planen Sie den Ablauf des Vorstellungsgesprächs (Schritt 1, Schritt 2 etc.).
  Kleiner Tipp: In der Regel fällt man nicht mit der Tür ins Haus!
- Überlegen Sie sich Fragen, die Sie dem Bewerber/-in stellen wollen.
- Denken Sie auch darüber nach, welche Fragen Ihnen gestellt werden könnten.
- Wählen Sie einen Gruppensprecher, der das Vorstellungsgespräch bestreitet.
- Die übrigen Gruppenmitglieder haben die Aufgabe, die beiden Vorstellungsgespräche mithilfe der zur Verfügung stehenden Auswertungsbogen aufmerksam zu beobachten (Material 5).

Arbeitshinweise Gruppe 3 und 6 (Bewerber/-in)

Bereiten Sie sich auf das Vorstellungsgespräch vor, indem Sie insbesondere folgende Aspekte berücksichtigen:

- Überlegen Sie sich Fragen, die Ihnen seitens der Vertreter/-in der Ulmer Büromöbel AG gestellt werden könnten.
- Denken Sie auch darüber nach, welche Fragen Sie stellen möchten.
- Wählen Sie einen Gruppensprecher, der das Vorstellungsgespräch bestreitet.
- Die übrigen Gruppenmitglieder haben die Aufgabe, die beiden Vorstellungsgespräche mithilfe der zur Verfügung stehenden Auswertungsbogen aufmerksam zu beobachten (Material 5).

Material 1: Rollenkarte – Vertreterin der Ulmer Büromöbel AG

Rollenkarte Gruppe 1 und 4

Name: Frau Kugler
Personalleiterin der Ulmer Büromöbel AG

Information 1:

- Frau Kugler sieht eine ihrer wesentlichen Aufgaben darin, die Ulmer Büromöbel AG mit qualifizierten Mitarbeitern zu versorgen. Die neuen Mitarbeiter müssen zum Unternehmen passen (bei der Ulmer Büromöbel AG wird ein kooperativer Führungsstil gepflegt; das Betriebsklima hat bei der Geschäftsführung einen hohen Stellenwert).

Information 2 (Bewerber Peter Franke):

- Beruflicher Werdegang

11/2021 – heute	Fleischer Büromöbel OHG in Leipzig Verkäufer im Außendienst
08/2015 – 10/2021	Tewes Büroartikel KG in Chemnitz Verkaufssachbearbeiter

- Weiterbildung

08/2022	WBS Training AG „Kaufvertrag & Kaufvertragsstörungen“
06/2021	VA-Akademie „Überzeugend vor Kunden präsentieren“
02/2020	VA-Akademie „Erfolgreich akquirieren“
09/2019	KB Qualifizierungszentrum „Verkaufsgespräche führen“

- Sonstiges

  Englisch in Wort und Schrift, SAP-Auftragsbearbeitung, Windows, MS PowerPoint, MS Word und MS Excel, Laufsport, Krafttraining und Mountainbike

Information 3 (Bewerberin Petra Geyer):

- Beruflicher Werdegang

01/2020 – heute	Gerlinger Präsentationstechnik OHG in Berlin Verkäuferin im Außendienst
08/2013 – 01/2020	Heinemann Büroartikel KG in Dresden Verkäuferin im Außendienst

- Weiterbildung

03/2023	Instatik OHG „Systematische Neukundengewinnung“
06/2021	Instatik OHG „Das erfolgreiche Verkaufsgespräch“
04/2020	Instatik OHG „Die erfolgreiche Preisverhandlung“
01/2019	Weiterbildungsinstitut Daum KG „Mit Reklamationen umgehen“

- Sonstiges

  Englisch, Französisch, Windows, MS Word, MS Excel, MS PowerPoint, SAP-Auftragsbearbeitung, digitale Spiegelreflex-Fotografie und Laufsport

Stichworte für die Argumentation

Material 2: Rollenkarte – Vertreterin der Ulmer Büromöbel AG

Rollenkarte Gruppe 2 und 5

Name: Frau Sigg
Leiterin der Abteilung Verkauf bei der Ulmer Büromöbel AG

Information 1:

- Frau Sigg legt großen Wert auf qualifizierte Mitarbeiter, da diese letztlich das Ansehen ihrer Abteilung im Hause Ulmer Büromöbel AG erhöhen. Die neuen Mitarbeiter sollen selbstständig den ostdeutschen Markt bearbeiten und mit hohem Engagement ihre Tätigkeit ausüben.

Information 2 (Bewerber Peter Franke):

- Beruflicher Werdegang

11/2021 – heute	Fleischer Büromöbel OHG in Leipzig Verkäufer im Außendienst
08/2015 – 10/2021	Tewes Büroartikel KG in Chemnitz Verkaufssachbearbeiter

- Weiterbildung

08/2022	WBS Training AG „Kaufvertrag & Kaufvertragsstörungen“
06/2021	VA-Akademie „Überzeugend vor Kunden präsentieren“
02/2020	VA-Akademie „Erfolgreich akquirieren“
09/2019	KB Qualifizierungszentrum „Verkaufsgespräche führen“

- Sonstiges

  Englisch in Wort und Schrift, SAP-Auftragsbearbeitung, Windows, MS PowerPoint, MS Word und MS Excel, Laufsport, Krafttraining und Mountainbike

Information 3 (Bewerberin Petra Geyer):

- Beruflicher Werdegang

01/2020 – heute	Gerlinger Präsentationstechnik OHG in Berlin Verkäuferin im Außendienst
08/2013 – 01/2020	Heinemann Büroartikel KG in Dresden Verkäuferin im Außendienst

- Weiterbildung

03/2023	Instatik OHG „Systematische Neukundengewinnung“
06/2021	Instatik OHG „Das erfolgreiche Verkaufsgespräch“
04/2020	Instatik OHG „Die erfolgreiche Preisverhandlung“
01/2019	Weiterbildungsinstitut Daum KG „Mit Reklamationen umgehen“

- Sonstiges

  Englisch, Französisch, Windows, MS Word, MS Excel, MS PowerPoint, SAP-Auftragsbearbeitung, digitale Spiegelreflex-Fotografie und Laufsport

Stichworte für die Argumentation

Material 3: Rollenkarte – Bewerber 1

Rollenkarte Gruppe 3

Name: Peter Franke
Bewerber 1

Informationen:

- Beruflicher Werdegang

11/2021 – heute	Fleischer Büromöbel OHG in Leipzig Verkäufer im Außendienst
08/2015 – 10/2021	Tewes Büroartikel KG in Chemnitz Verkaufssachbearbeiter

- Weiterbildung

08/2022	WBS Training AG „Kaufvertrag & Kaufvertragsstörungen"
06/2021	VA-Akademie „Überzeugend vor Kunden präsentieren"
02/2020	VA-Akademie „Erfolgreich akquirieren"
09/2019	KB Qualifizierungszentrum „Verkaufsgespräche führen"

- Sonstiges

  Englisch in Wort und Schrift, SAP-Auftragsbearbeitung, Windows, MS PowerPoint, MS Word und MS Excel, Laufsport, Krafttraining und Mountainbike

Stichworte für die Argumentation

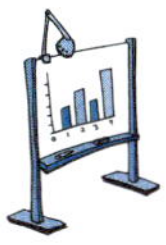

Material 4: Rollenkarte – Bewerberin 2

Rollenkarte Gruppe 3

Name: Petra Geyer
Bewerberin 2

Informationen:

➤ Beruflicher Werdegang

01/2020 – heute	Gerlinger Präsentationstechnik OHG in Berlin Verkäuferin im Außendienst
08/2013 – 01/2020	Heinemann Büroartikel KG in Dresden Verkäuferin im Außendienst

➤ Weiterbildung

03/2023	Instatik OHG „Systematische Neukundengewinnung“
06/2021	Instatik OHG „Das erfolgreiche Verkaufsgespräch“
04/2020	Instatik OHG „Die erfolgreiche Preisverhandlung“
01/2019	Weiterbildungsinstitut Daum KG „Mit Reklamationen umgehen“

➤ Sonstiges

Englisch, Französisch, Windows, MS Word, MS Excel, MS PowerPoint, SAP-Auftragsbearbeitung, digitale Spiegelreflex-Fotografie und Laufsport

Stichworte für die Argumentation

Material 5: Auswertungsbogen

Auswertungsbogen

Vorstellungsgespräch 1 — **Ulmer Büromöbel AG/Bewerber 1**

Was hat Ihnen gut gefallen?	Was könnte man besser machen?

Vorstellungsgespräch 2 — **Ulmer Büromöbel AG/Bewerberin 2**

Was hat Ihnen gut gefallen?	Was könnte man besser machen?

Schulbuch Kap. 5.2.7

11 Gesetzliche Bestimmungen im Rahmen von Kündigungen anwenden

Situation:

Am Montagnachmittag bittet Herr Denzel, Leiter der Fertigungsabteilung bei der Ulmer Büromöbel AG, die Personalleiterin Frau Kugler um ein Gespräch.

Frau Kugler: Guten Tag, Herr Denzel, was kann ich für Sie tun?

Herr Denzel: Nun, es geht um meinen Mitarbeiter, Herrn Andreas Kramer. Seit einigen Wochen erscheint er häufig verspätet zur Arbeit. Gestern ist er sogar erst um 10:00 Uhr erschienen.

Frau Kugler: Und haben Sie Herrn Kramer schon zur Rede gestellt?

Herr Denzel: Selbstverständlich. Aber Herr Kramer meinte nur, ich solle mich nicht so anstellen.

Frau Kugler: So geht das natürlich nicht. Ein solches Verhalten können wir nicht dulden.

Herr Denzel: Ganz meine Meinung, Frau Kugler. Meines Erachtens ist die Kündigung die einzig angemessene Reaktion. Einen Mitarbeiter wie Herrn Kramer können wir nicht gebrauchen.

Frau Kugler: So einfach ist das leider nicht.

Herr Denzel: Wie meinen Sie das?

Frau Kugler: Nun …

Arbeitsaufträge:

1. Kündigungen müssen sozial gerechtfertigt sein, d.h., sie müssen begründet sein. Erläutern Sie, welcher Kündigungsgrund im Fall von Herrn Kramer vorliegt.

___

___

2. Begründen Sie, welche Maßnahmen Frau Kugler im Fall Kramer ergreifen sollte.

___

___

___

3. Da sich Herrn Kramers Verhalten auch nach den von Ihnen eingeleiteten Maßnahmen nicht ändert, beschließt Frau Kugler am 08.09.2026, Herrn Kramer so schnell wie möglich zu kündigen.

   Anmerkung: Da die Ulmer Büromöbel AG keinen Betriebsrat hat, muss ein solcher auch nicht angehört werden.

Personaldaten Andreas Kramer

Geburtsdatum:	08.02.1974
Betriebseintritt:	10.04.2021
Familienstand:	ledig, keine Kinder
Beurteilung:	Die Leistungen von Herrn Kramer liegen im guten Durchschnitt.

3.1 Erläutern Sie, wie lange die Kündigungsfrist beträgt.

____

____

3.2 Nennen Sie das Datum, wann Herrn Kramer das Kündigungsschreiben spätestens vorliegen muss.

____

3.3 Nennen Sie das Datum, wann Herr Kramer seinen letzten Arbeitstag hat.

____

4. In besonders schweren Fällen kann einem Mitarbeiter auch ohne Abmahnung und ohne Einhaltung einer Frist gekündigt werden. Man spricht hier von einer sogenannten fristlosen Kündigung. Nennen Sie derartige Gründe.

____

5. Ergänzen Sie folgenden Lückentext, indem Sie nachstehende Füllwörter verwenden:
Auszubildende, betriebliche, Betriebszugehörigkeit, Kündigungsschutz, Lebensalter, schwerbehinderte, sozial, Unterhaltspflichten.

Betriebsbedingte Kündigungen

Der starke Wettbewerb auf den globalen Märkten zwingt die Unternehmen nicht selten zu Rationalisierungsmaßnahmen, die häufig Kündigungen zur Folge haben. Diese Kündigungen sind durch dringende (1) ____________ Erfordernisse bedingt. Sie sind, wie personen- oder verhaltensbedingte Kündigungen, (2) ____________ gerechtfertigt. Allerdings müssen bei notwendigen Entlassungen bestimmte Aspekte berücksichtigt werden. Im Einzelnen sind dies die Dauer der (3) ____________, das (4) ____________ und die (5) ____________. Bestimmte Personengruppen, wie z. B. (6) ____________ oder (7) ____________ Menschen, haben einen besonderen (8) ____________.

6. Folgenden Mitarbeitern soll ausgehend vom 10. Oktober 2026 schnellstmöglich gekündigt werden. Geben Sie für die fünf Mitarbeiter die jeweilige Kündigungsfrist an.

Mitarbeiter/-in	Tätigkeit	Alter	Betriebseintritt	Kündigungsfrist
A. Schwan	Sekretärin	30 Jahre	01.04.2012	
P. Bullmann	Schreiner	40 Jahre	01.04.2004	
D. Strasser	Einkäufer	23 Jahre	01.02.2024	
L. Beer	Verkäufer	24 Jahre	01.09.2025	
K. Riester	Lagerist	35 Jahre	01.10.2016	

1 Tarifrecht als Merkmal der Sozialen Marktwirtschaft darstellen

Schulbuch Kap. 6.1.4

Situation:

Löhne 20.. – der große Schluck aus der Pulle

Die Politiker meldeten sich wie immer als erste zu Wort. Bereits Anfang Dezember beschied der Bundesarbeitsminister den Lesern einer großen Sonntagszeitung, die Arbeitnehmer bräuchten endlich „wieder gute Löhne". Auch der Oppositionsführer erklärte eine Woche später im gleichen Blatt, dass er sich natürlich nicht in die Tarifpolitik einmischen wolle, aber „wo die Wirtschaft spürbar wächst, sollte es auch spürbare Lohnerhöhungen geben". Was spielt es da schon für eine Rolle, dass Politiker mit Tarifverhandlungen eigentlich gar nichts zu tun haben? Aber es ist ja so verführerisch, gerade jetzt Stellung zu beziehen: Die Wirtschaftsforscher haben ihre Prognosen für das nächste Jahr deutlich angehoben. Wann, wenn nicht jetzt, ist der Zeitpunkt für eine Beteiligung der Arbeitnehmer am Aufschwung. Die IG Metall jedenfalls ist fest entschlossen. Sie nutzt den politischen Rückenwind und die Stimmung in der Bevölkerung, um für saftige Lohnerhöhungen zu werben. Mit einer Forderung von fünf bis sieben Prozent will die IG Metall in die Tarifrunden ziehen. Zu viel, zu wenig? Die Meinungen darüber gehen weit auseinander. Die meisten Wirtschaftsforscher halten höchstens zwei bis drei Prozent für problemlos verkraftbar.

Arbeitsaufträge:

1. Verschaffen Sie sich einen Überblick über das Zustandekommen von Tarifverträgen und deren Inhalte, indem Sie die wesentlichen Aspekte stichwortartig in dem zur Verfügung stehenden Schaubild festhalten (Material 1).

2. Nehmen Sie Stellung zu folgender Aussage: „Weil noch immer mehrere Millionen Menschen ohne Arbeit sind, sollten die Glücklichen, die einen Job haben, mit ihrem Lohn zufrieden sein. Eigentlich müssten die Beschäftigten noch mehrere Jahre auf Lohnerhöhungen verzichten oder sogar erhebliche Lohneinbußen hinnehmen, wenn neue Arbeitsplätze entstehen sollen. Das sind die Kräfte der Globalisierung. Wir stehen hier erst am Anfang einer Entwicklung."

____

____

____

____

____

____

____

3. Im Tarifvertragsrecht finden sich u.a. folgende Begriffe: *Allgemeinverbindlichkeit, Tarifautonomie, Schriftform, Friedenspflicht, Nachwirkung* und *Tarifbindung*. Ordnen Sie den nachfolgend aufgeführten Beschreibungen jeweils einen der zuvor genannten Begriffe zu.

3.1 Arbeitgeber- und Arbeitnehmerverbände haben das Recht, selbstständig und ohne staatliche Einmischung, Tarifverträge abzuschließen.

Grundsatz	

3.2 Die Mitglieder der Tarifvertragsparteien sind an die im Tarifvertrag vereinbarten Bestimmungen gebunden.

Grundsatz	

3.3 Während der Laufzeit eines Tarifvertrages dürfen von den Tarifvertragsparteien keine Arbeitskampfmaßnahmen ergriffen werden.

Grundsatz	

3.4 Tarifverträge können nicht mündlich abgeschlossen werden. Sie bedürfen stets der Schriftform.

Grundsatz	

3.5 Bei auslaufenden Tarifverträgen gilt der alte Tarifvertrag so lange weiter, bis ein neuer Tarifvertrag abgeschlossen worden ist.

Grundsatz	

3.6 Arbeitgeber, die nicht einem Arbeitgeberverband angehören, sind an die Bestimmungen des Tarifvertrages nicht gebunden. Die Tarifvereinbarungen können somit auch unterschritten werden. Das Bundesministerium für Arbeit und Soziales hat aber die Möglichkeit, Tarifverträge auch auf die bisher nicht tarifgebundenen Arbeitgeber und Arbeitnehmer auszudehnen. Danach ist es einem Arbeitgeber z. B. nicht mehr möglich, nicht organisierte Arbeitnehmer zu schlechteren Bedingungen zu beschäftigen als Gewerkschaftsmitglieder.

Grundsatz	

4. Prüfen Sie, ob es sich in folgenden Fällen um richtige ① oder falsche Aussagen ⑨ handelt.

1	Ein Arbeitsvertrag kann auch mündlich abgeschlossen werden. Gemäß Nachweisgesetz müssen die wesentlichen Vertragsbedingungen jedoch schriftlich festgehalten und dem Arbeitnehmer unterschrieben ausgehändigt werden.	
2	Die Tarifverträge werden zwischen Arbeitgeberverbänden und Arbeitnehmerverbänden geschlossen und enthalten z. B. Vereinbarungen über die wöchentliche Arbeitszeit.	
3	Zwischen Arbeitgeber und Arbeitnehmer dürfen nur unbefristete Arbeitsverträge abgeschlossen werden. Befristete Arbeitsverträge sind nicht zulässig.	
4	Tarifverträge können für ein ganzes Bundesland oder sogar für das gesamte Bundesgebiet verbindlich sein. Man spricht dann von sogenannten Flächentarifverträgen.	
5	Gemäß Bundesurlaubsgesetz stehen den Arbeitnehmern mindestens 20 Werktage Urlaub pro Jahr zu.	
6	In Tarifverträgen dürfen die Arbeitnehmer nicht schlechter gestellt werden, als es die arbeitsrechtlichen Gesetze (BGB, Arbeitszeitordnung etc.) vorsehen.	
7	In Tarifverträgen vereinbaren Arbeitgeberverbände und einzelne Arbeitnehmer u. a. die Höhe der Löhne und Gehälter.	

Material 1: Schaubild „Tarifverträge"

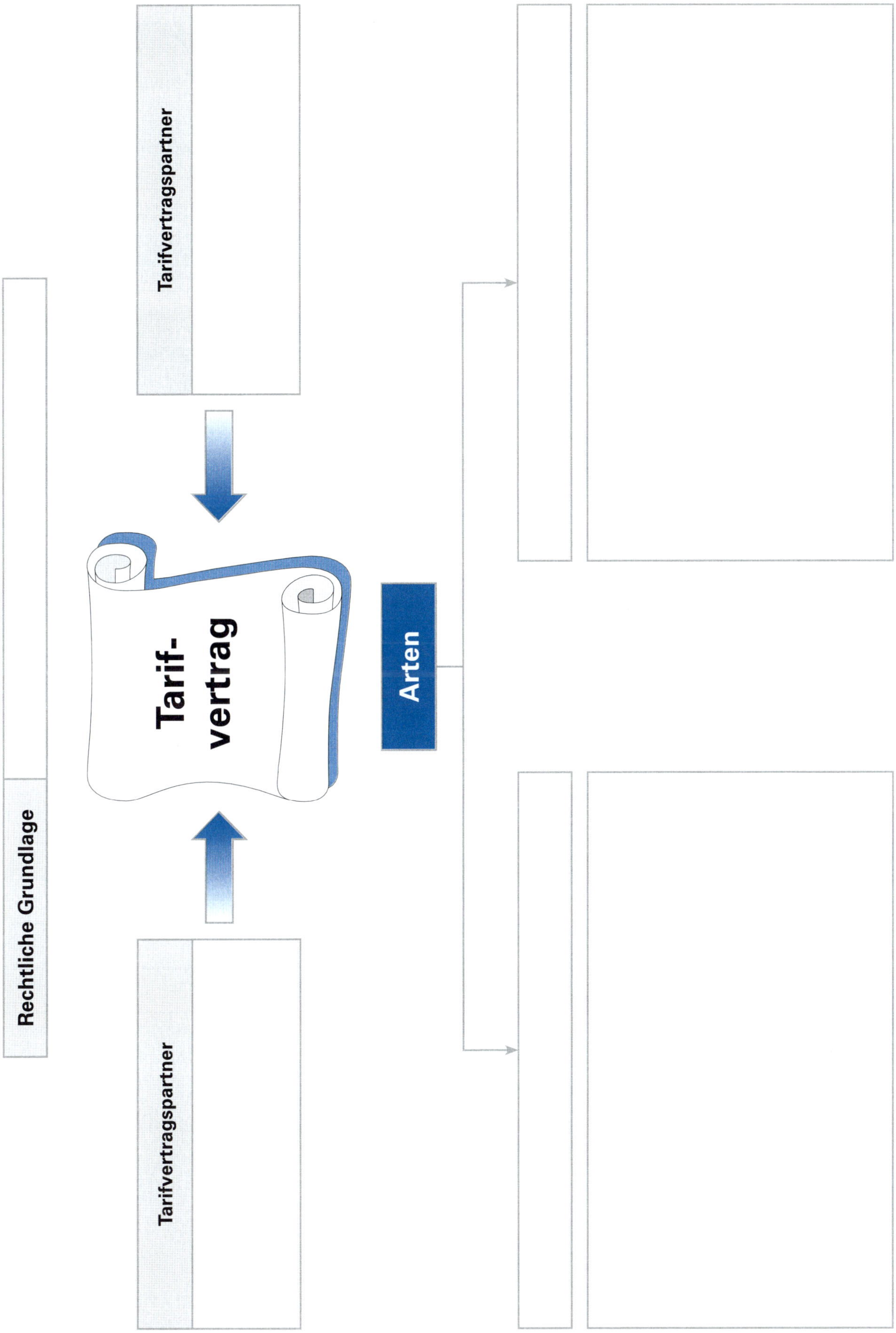

Schulbuch Kap. 6.2.2

2 Marktformen unterscheiden

Situation:

Fall A: Jennifer Dahlmann ist 22 Jahre alt und Industriekauffrau. Sie wohnt in Stuttgart, einer Großstadt mit mehr als 600 000 Einwohnern. Jennifer legt großen Wert auf gesunde Ernährung, daher kocht sie meistens selbst. Einmal pro Woche ist allerdings Fast Food angesagt. Die Auswahl an Pizzerien, Dönerbuden und Imbissstuben in Stuttgart ist riesig. Sie hat die Qual der Wahl.

Fall B: Jan Köhler ist 19 Jahre alt und absolviert zurzeit eine Ausbildung zum Industriekaufmann bei der Ulmer Büromöbel AG. Seit einiger Zeit plant er die Anschaffung eines neuen Smartphones. Ein Modell hat es ihm besonders angetan. Nur was den Mobilfunkanbieter angeht, ist sich Jan noch unsicher. Soll er sich für Telekom, Vodafone oder O_2 entscheiden?

Fall C: Regina Holler ist Mitarbeiterin einer großen Werbeagentur in Stuttgart. Häufig muss sie geschäftlich nach Dresden fliegen. Der Preis für den Hinflug beträgt 280,00 EUR. Nach Barcelona kommt man schon für 80,00 EUR. Grund: Von Stuttgart nach Dresden fliegt nur eine Fluglinie. Das ist auf der Strecke Stuttgart-Barcelona anders.

Arbeitsaufträge:

1. In einer Volkswirtschaft gibt es nicht nur einen Markt, sondern eine Vielzahl von Märkten. Je nach Zahl der Anbieter und Nachfrager auf einem Markt lassen sich grundsätzlich drei verschiedene Marktformen unterscheiden:

   - Das **Monopol** ist eine Marktform, bei der ein alleiniger Anbieter auf viele Nachfrager trifft (Angebotsmonopol). Befindet sich die Monopolstellung auf der Nachfrageseite, spricht man vom Nachfragemonopol.
   - Beim **Oligopol** treffen wenige Anbieter auf viele Nachfrager (Angebotsoligopol). Auch hier ist ein Nachfrageoligopol denkbar.
   - Im **Polypol** treffen viele Anbieter auf viele Nachfrager. Diese Marktform ist am häufigsten anzutreffen.

   Nennen Sie die Marktform, die in den Fällen A bis C der Lernsituation jeweils vorliegt.

Fall A	
Fall B	
Fall C	

2. Zusätzlich zu den oben genannten Marktformen existieren einige weitere Varianten. Informieren Sie sich in Ihrem Schulbuch über die weiteren Marktformen.

   2.1 Ordnen Sie zunächst nachfolgende Begriffspaare (siehe Infobox auf Folgeseite) einem Feld in der Marktformenmatrix (Material 1 auf S. 152) zu.

   2.2 Tragen Sie anschließend in jedem Feld der Marktformenmatrix (Material 1 auf S. 152) den entsprechenden Oberbegriff ein (siehe Infobox auf Folgeseite).

3. Erläutern Sie, in welcher Marktform der größte Wettbewerb zum Vorteil der Verbraucher stattfindet.

4. Erläutern Sie die Vorteile, die der Wettbewerb unter den Anbietern für die Verbraucher hat.

Infobox

Begriffspaare

1. Hersteller von Rüstungsgütern / Staat
2. Kranhersteller / Unternehmen, die mit Kränen arbeiten
3. Mineralölgesellschaften / Autofahrer
4. Einziger Hersteller eines Pkw-Ersatzteils / Einziger Automobilhersteller, der das Ersatzteil benötigt
5. Straßenbauunternehmen / Staat
6. Vermieter von Wohnungen / Mieter
7. Briefpost (bis Ende 2007)[1] / Nutzer der Briefbeförderung
8. Landwirte / Molkereien
9. Einziger Hersteller eines medizinischen Spezialgerätes / Krankenhäuser

Oberbegriffe

- Polypol
- Angebotsoligopol
- Angebotsmonopol mit oligopolistischer Nachfrage
- zweiseitiges Oligopol
- Nachfrageoligopol
- Nachfragemonopol mit oligopolistischem Angebot
- Angebotsmonopol
- Nachfragemonopol
- zweiseitiges Monopol

1 Ende 2007 wurde das Briefmonopol der Deutschen Post aufgehoben. Seitdem gibt es mehrere Briefdienstleister am Markt. Das Ganze lohnt sich aber mehr oder weniger nur für diejenigen Kunden, die täglich viele Briefe zu versenden haben, d.h. in erster Linie für mittlere und größere Unternehmen. Somit hat die Deutsche Post im Briefmarkt weiterhin eine monopolähnliche Stellung.

Material 1: Marktformenmatrix

Marktformen	viele Anbieter	wenige Anbieter	ein Anbieter
viele Nachfrager	______ ______ ______ Begriffspaar ☐	______ ______ ______ Begriffspaar ☐	______ ______ ______ Begriffspaar ☐
wenige Nachfrager	______ ______ ______ Begriffspaar ☐	______ ______ ______ Begriffspaar ☐	______ ______ ______ Begriffspaar ☐
ein Nachfrager	______ ______ ______ Begriffspaar ☐	______ ______ ______ Begriffspaar ☐	______ ______ ______ Begriffspaar ☐

Schulbuch Kap. 6.2.3

3 Den Gleichgewichtspreis im Rahmen der Preisbildung bestimmen

Situation:

Auf dem Markt für Tablets trifft das Angebot der Verkäufer auf die Nachfrage der Käufer.

Die folgende Tabelle stellt die angebotene Menge an Tablets der nachgefragten Menge nach Tablets bei unterschiedlichen Verkaufspreisen gegenüber.

Verkaufspreis je Tablet	Angebotene Menge	Nachgefragte Menge
600,00 EUR	2 Mio. Stück	8 Mio. Stück
700,00 EUR	4 Mio. Stück	7 Mio. Stück
800,00 EUR	6 Mio. Stück	6 Mio. Stück
900,00 EUR	8 Mio. Stück	5 Mio. Stück
1 000,00 EUR	10 Mio. Stück	4 Mio. Stück
1 100,00 EUR	12 Mio. Stück	3 Mio. Stück

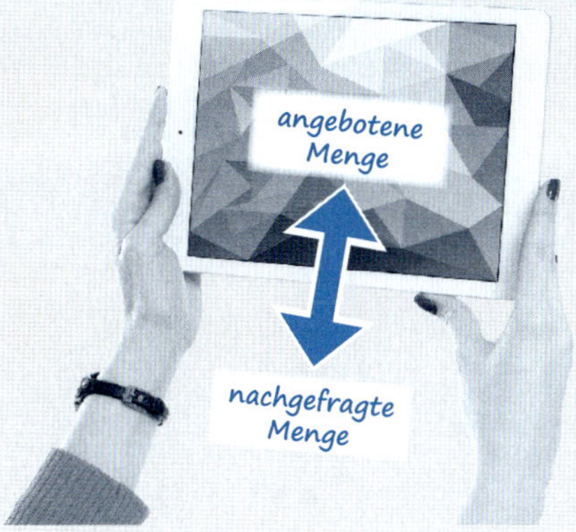

Arbeitsaufträge:

1. Vervollständigen Sie zunächst die unten stehende Tabelle.
   1.1 Ermitteln Sie die verkaufte Menge an Tablets zu unterschiedlichen Preisen (Spalte 4).
   1.2 Untersuchen Sie die Situation auf dem Markt (Spalte 5). Stellen Sie fest, ob das Angebot größer, kleiner oder genauso groß wie die Nachfrage ist (A > N, A < N oder A = N).
   1.3 Stellen Sie fest, wie sich die Preise in den verschiedenen Marktsituationen verändern (Spalte 6). Geben Sie an, ob die Preise steigen, sinken oder gleich bleiben.

Marktpreis je Tablet	Angebotene Menge in Stück	Nachgefragte Menge in Stück	Verkaufte Menge in Stück	Marktsituation	Preistendenz
600,00 EUR	2 Mio.	8 Mio.			
700,00 EUR	4 Mio.	7 Mio.			
800,00 EUR	6 Mio.	6 Mio.			
900,00 EUR	8 Mio.	5 Mio.			
1 000,00 EUR	10 Mio.	4 Mio.			
1 100,00 EUR	12 Mio.	3 Mio.			

2. Zeichnen Sie nun die Angebotskurve sowie die Nachfragekurve in die folgende Vorlage ein.

Arbeitshinweise:

- Auf der horizontalen Achse (x-Achse) wird die Menge und auf der senkrechten Achse (y-Achse) wird der Preis des Gutes abgetragen.
- y-Achse: 3 Kästchen = 100,00 EUR → Beginnen Sie bei 600,00 EUR!
  x-Achse: 2 Kästchen = 1 Mio. Stück → Beginnen Sie bei 1 Mio. Stück!
- Tragen Sie die bei den unterschiedlichen Preisen nachgefragten und angebotenen Mengen in das Koordinatensystem ein. Verbinden Sie die einzelnen Punkte zur Nachfrage- bzw. Angebotskurve.

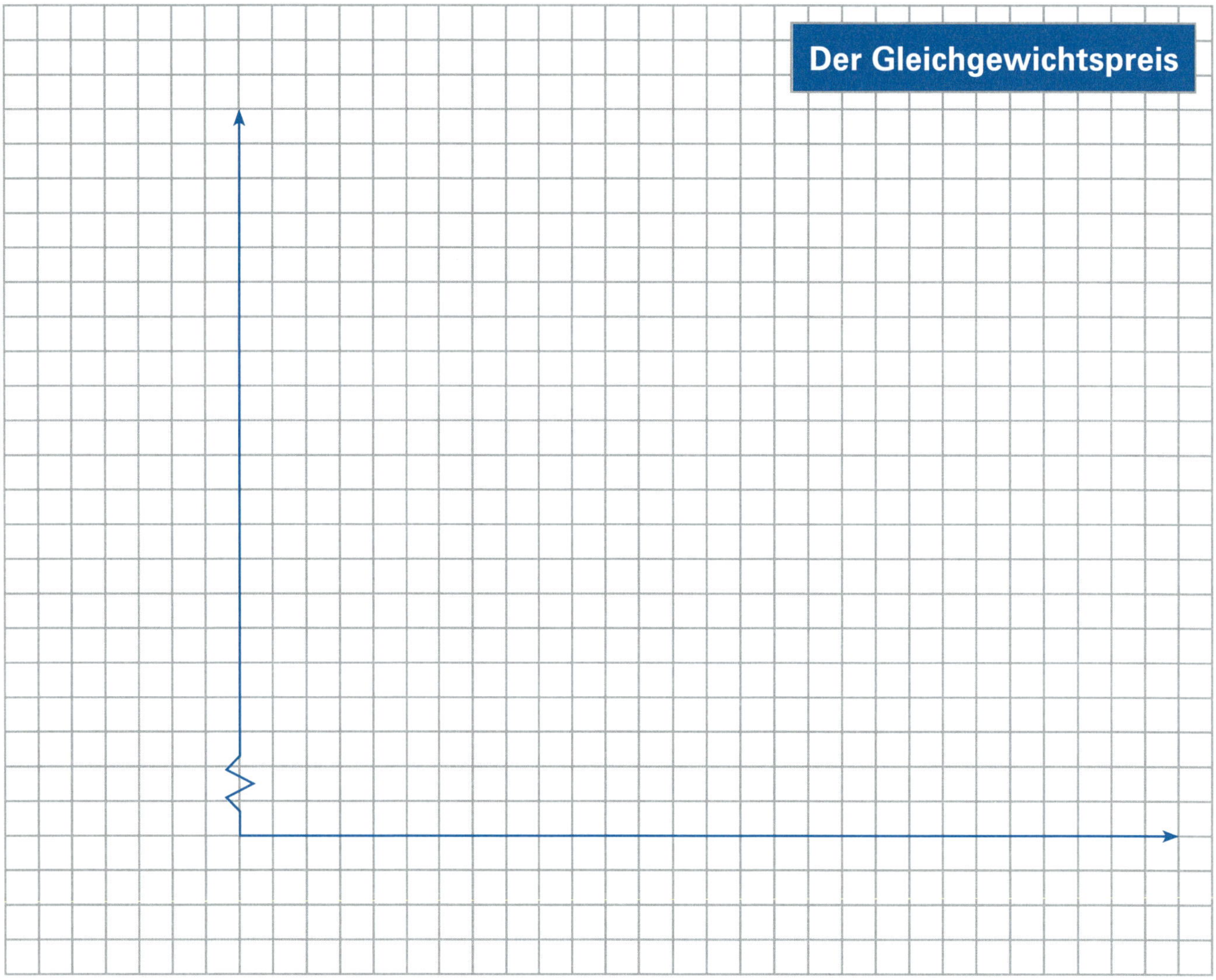

3. Begründen Sie, welche Marktsituation im Schnittpunkt der beiden Kurven vorliegt.

4. Der Markt für Tablets befindet sich – wie man aus der Tabelle ablesen kann – nicht unbedingt im Gleichgewicht. Der Marktpreismechanismus sorgt aber dafür, dass der Markt immer wieder von alleine ins Gleichgewicht zurückfindet. Man spricht in diesem Zusammenhang auch von der „unsichtbaren Hand" des Marktes.

   Vervollständigen Sie den Lückentext (Material 1, siehe S. 156), der beschreibt, wie der Markt aus einer Ungleichgewichtssituation ins Gleichgewicht geführt wird.

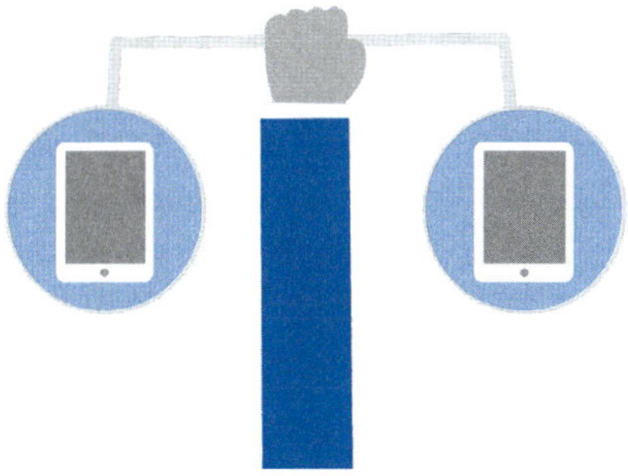

5. Ordnen Sie folgende Begriffe den Bereichen im unten stehenden Schaubild zu.

A	Gleichgewichtspreis	
B	Gleichgewichtsmenge	
C	Angebotsüberhang	
D	Nachfrageüberhang	
E	Menge	

F	Preis	
G	Angebotskurve	
H	Nachfragekurve	
I	Konsumentenrente*	
J	Produzentenrente**	

* Differenz zwischen dem Preis, den ein Käufer bereit gewesen wäre zu zahlen, und dem Gleichgewichtspreis. Der Käufer hat also, wenn man so will, Geld gespart.

** Differenz zwischen dem Preis, zu dem ein Verkäufer sein Produkt auch angeboten hätte, und dem am Markt erzielten Verkaufspreis (Gleichgewichtspreis). Es handelt sich hier um einen zusätzlichen Gewinn für den Verkäufer.

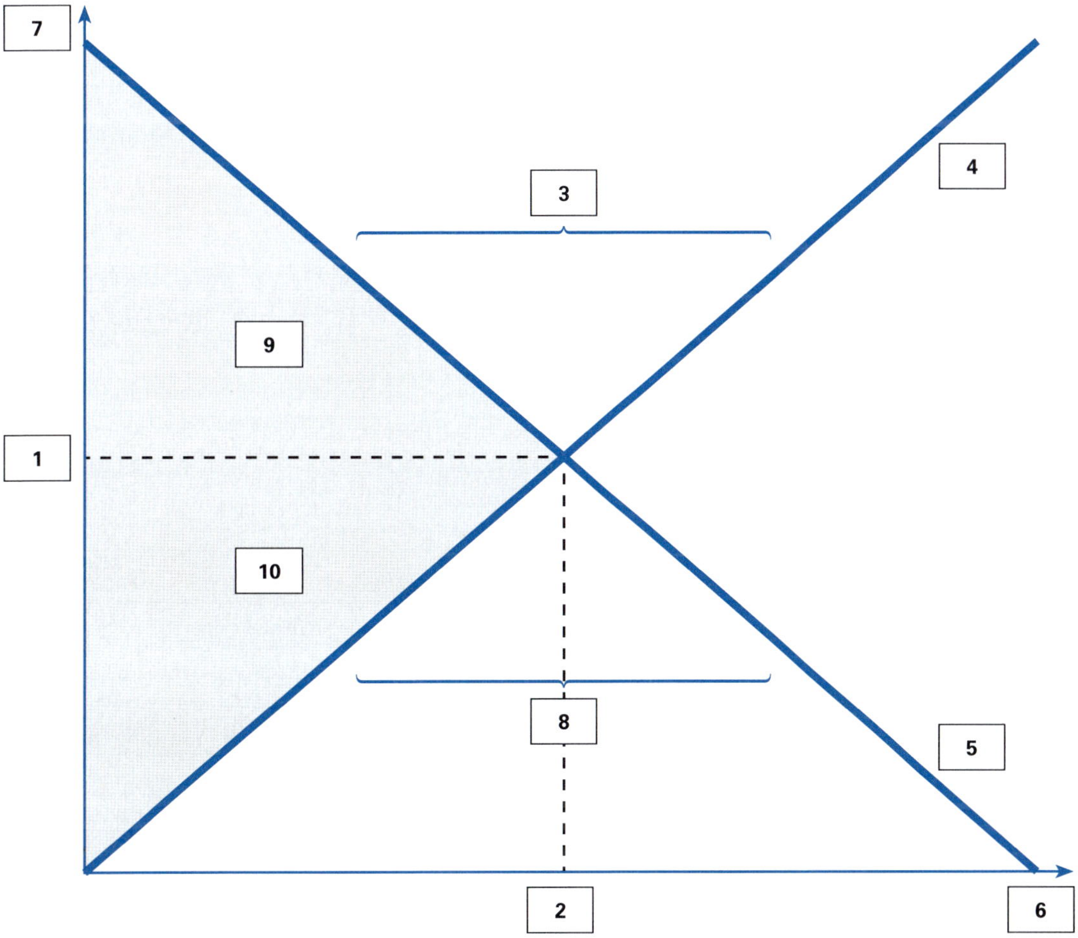

Material 1: Lückentext

Die Preisbildung auf vollkommenen Märkten (Preismechanismus)

Angenommen, der aktuelle Preis für ein Tablet würde 1 000,00 EUR betragen. Zu diesem Preis würden 10 Mio. Tablets (1) ___angeboten___, aber nur 4 Mio. Tablets (2) ______________. Der Markt würde sich in einer (3) ______________ befinden. In diesem Fall würde ein (4) ______________ vorliegen. Das bedeutet, dass viele Anbieter (5) ______________ finden, der ihre Tablets (6) ______________ möchte.

Wie werden die Anbieter reagieren? Vermutlich werden sie den Preis so lange (7) ______________, bis alle Tablets verkauft sind. Der Preis hat in diesem Zusammenspiel eine besondere Rolle, da er Angebot und Nachfrage zum Ausgleich bringt und damit einen Gleichgewichtszustand herbeiführt. Man spricht in diesem Zusammenhang vom (8) ______________ sowie der Gleichgewichtsmenge. Der Preis eines Gutes wird also immer (9) ______________, wenn auf dem Markt ein (10) ______________ vorliegt, d. h., dass der Preis (11) ______________ des Gleichgewichtspreises liegt.

Betrachten wir nun die andere Situation. Angenommen, der (12) ______________ für ein Tablet würde derzeit bei 700,00 EUR liegen. In diesem Fall würden zwar 7 Mio. Tablets (13) ______________, aber nur 4 Mio. Tablets (14) ______________. Der (15) ______________ befindet sich also ebenfalls im (16) ______________. Es liegt ein (17) ______________ vor.

Die Frage lautet auch hier: Wie werden die Anbieter reagieren? Wahrscheinlich werden sie (18) ______________ Tablets produzieren, diese aber zu einem (19) ______________ Preis anbieten. Einigen potenziellen (20) ______________ wird das Tablet dann zu (21) ______________ sein. Die Nachfrage wird etwas (22) ______________. Und zwar so (23) ______________, bis wiederum der (24) ______________ erreicht wird. Der (25) ______________ eines Gutes wird also immer (26) ______________, wenn auf dem Markt ein (27) ______________ herrscht, d. h., dass der Preis (28) ______________ des Gleichgewichtspreises liegt.

Füllwörter:

- [x] angeboten
- [ ] angeboten
- [ ] Angebotsüberhang
- [ ] Angebotsüberhang
- [ ] fallen
- [ ] Gleichgewichtspreis
- [ ] Gleichgewichtspreis
- [ ] höheren
- [ ] kaufen
- [ ] Käufern
- [ ] lange
- [ ] Markt
- [ ] mehr
- [ ] Nachfrageüberhang
- [ ] Nachfrageüberhang
- [ ] nachgefragt
- [ ] nachgefragt
- [ ] niemanden
- [ ] oberhalb
- [ ] Preis
- [ ] Preis
- [ ] senken
- [ ] steigen
- [ ] teuer
- [ ] Ungleichgewicht
- [ ] Ungleichgewichtssituation
- [ ] unterhalb
- [ ] zurückgehen

6. Im Marktgeschehen hat der Preis mehrere Funktionen. Häufig wird zwischen folgenden Funktionen unterschieden:

   ① = Signalfunktion
   ② = Erziehungsfunktion
   ③ = Ausschaltungsfunktion
   ④ = Lenkungsfunktion
   ⑤ = Ausgleichsfunktion

   Ordnen Sie die Funktionen des Preises auf polypolistischen Märkten den folgenden Beschreibungen zu.

A	Auf Märkten mit vielen Anbietern und vielen Nachfragern (Polypol) zwingt der Wettbewerb die Anbieter dazu, ihre Kosten zu senken, wenn sie mit ihren Produkten einen angemessenen Gewinn erzielen wollen. Die Nachfrager sind gezwungen, möglichst preisgünstig einzukaufen, wenn sie ihren Nutzen maximieren wollen.	
B	Ganz nach Charles Darwin: Der Schwächste fliegt! Auf die Wirtschaft bezogen bedeutet dies, dass Unternehmen, deren Herstellungskosten langfristig über den jeweiligen Gleichgewichtspreisen (Marktpreisen) liegen, aus dem Markt ausscheiden müssen.	
C	Der auf einem Markt zu erzielende Preis steuert das Angebot hin zu Märkten, auf denen die Nachfrage sehr hoch ist und somit die größten Gewinne erzielt werden können.	
D	Der Gleichgewichtspreis ist der Preis, bei dem der höchstmögliche Umsatz erreicht werden kann. Alle Nachfrager, die den Gleichgewichtspreis bezahlen wollen oder können, und alle Anbieter, die zum Gleichgewichtspreis verkaufen wollen oder können, kommen zum Zuge. Der Markt wird geräumt.	
E	Der Marktpreis zeigt den Knappheitsgrad eines Gutes an. Steigt der Preis, hat sich entweder das Güterangebot bei gleichbleibender Nachfrage verknappt oder die Nachfrage bei gleichbleibendem Güterangebot erhöht. Denkbar ist auch, dass die Nachfrage schneller als das Angebot gestiegen ist. Fallende Preise hingegen sind auf entgegengesetzte Marktentwicklungen zurückzuführen.	

7. Reibungslos funktioniert der Marktpreismechanismus nur im Modell des sogenannten vollkommenen Markts. Auf realen Märkten sind die Merkmale des vollkommenen Markts jedoch sehr selten anzutreffen. Ordnen Sie die folgenden Merkmale des vollkommenen Markts den entsprechenden Beispielen zu.

   ① = unendlich schnelle Reaktion auf Marktveränderungen
   ② = Homogenität (Gleichartigkeit) der Güter
   ③ = Markttransparenz
   ④ = Fehlen von persönlichen, zeitlichen, sachlichen und räumlichen Präferenzen

A	Einem Käufer ist es egal, ob er das Gut von Firma A oder Firma B kauft. Er wird nicht von der Werbung oder der Verpackung beeinflusst.	
B	Die Güter unterschiedlicher Hersteller haben die gleiche Qualität.	
C	Jeder Marktteilnehmer sieht sofort, wenn es Veränderungen auf dem Markt gibt und kann unmittelbar darauf reagieren.	
D	Jeder Marktteilnehmer weiß genau, welche Menge angeboten und nachgefragt wird, und kennt den Preis und die Qualität von jedem Gut.	

Schulbuch Kap. 6.2.3.3

4 Die Verschiebung von Angebot und Nachfrage darstellen

Situation:

Um den Absatz von Elektroautos zu erhöhen, entscheidet sich der Staat, jedem Käufer eines Elektroautos eine Umweltprämie zu zahlen. Nehmen Sie an, die Nachfrage nach Elektroautos würde hierdurch wie folgt steigen:

Marktpreis je Pkw	Angebotene Menge	Nachgefragte Menge	Nachgefragte Menge mit Umweltprämie
18000,00 EUR	100 Tsd. Stück	500 Tsd. Stück	600 Tsd. Stück
19000,00 EUR	200 Tsd. Stück	400 Tsd. Stück	500 Tsd. Stück
20000,00 EUR	300 Tsd. Stück	300 Tsd. Stück	400 Tsd. Stück
21000,00 EUR	400 Tsd. Stück	200 Tsd. Stück	300 Tsd. Stück
22000,00 EUR	500 Tsd. Stück	100 Tsd. Stück	200 Tsd. Stück

Arbeitsaufträge:

1. Zeichnen Sie die Angebotskurve sowie die beiden Nachfragekurven (N_0 = ohne Umweltprämie, N_1 = mit Umweltprämie). Verwenden Sie folgende Skalierung:

   - y-Achse: 4 Kästchen = 1000,00 EUR → Beginnen Sie bei 18000,00 EUR!
   - x-Achse: 4 Kästchen = 100 Tsd. Stück → Beginnen Sie bei 100 Tsd. Stück!

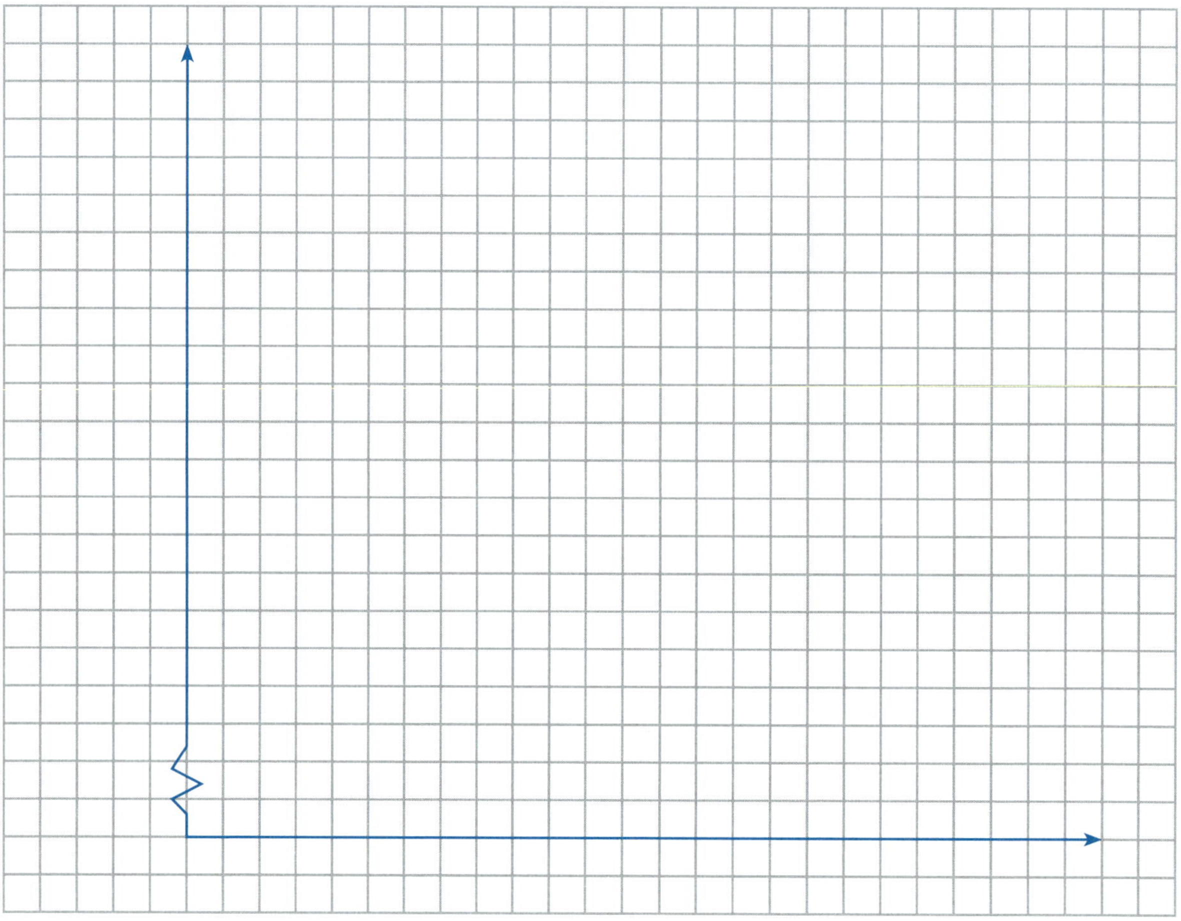

Ergebnis: Vervollständigen Sie den Lückentext.

Durch die Umweltprämie steigt die (1) ________________ nach Elektroautos. Die (2) ____________________ verschiebt sich nach rechts oben. Es ergibt sich letztlich ein neuer Gleichgewichtspreis in Höhe von (3) ____________________ EUR je Elektroauto. Die neue Gleichgewichtsmenge beträgt (4) ______________ Stück. D.h., (5) ___________ Autofahrer sind auf Elektroautos umgestiegen. Aus Umweltgesichtspunkten war die Maßnahme also (6) ________________.

2. Beurteilen Sie die Auswirkungen der Umweltprämie für Elektroautos auf Angebot und Nachfrage anhand folgender Aussagen. Kreuzen Sie die richtigen Aussagen an:

A	Die Angebotskurve bleibt unverändert.	
B	Zum ursprünglichen Gleichgewichtspreis werden nun weniger Elektroautos nachgefragt. Hierdurch entsteht ein Angebotsüberhang.	
C	Die Nachfrage nach Elektroautos wird steigen. Die Nachfragekurve verschiebt sich nach rechts oben.	
D	Zum ursprünglichen Gleichgewichtspreis werden nun mehr Elektroautos nachgefragt. Hierdurch entsteht ein Nachfrageüberhang.	
E	Die Nachfragekurve verschiebt sich nach links unten.	
F	Aufgrund des Nachfrageüberhangs werden die Verkäufer mehr Elektroautos produzieren und die Preise anheben. Daraufhin werden einige potenzielle Käufer auf den Kauf von Elektroautos verzichten.	
G	Aufgrund des Nachfrageüberhangs werden die Verkäufer von Elektroautos die Preise erhöhen. Daraufhin wird die Nachfrage weiter ansteigen.	
H	Der Preismechanismus sorgt letztendlich dafür, dass sich der neue Gleichgewichtspreis auf einem höheren Niveau einpendelt. Es werden mehr Elektroautos, wenn auch zu einem höheren Preis, verkauft.	

3. Ausgelöst durch bestimmte Ereignisse kann sich auch die Lage der Angebotskurve verändern. Prüfen Sie in folgenden vier Fällen, ob sich die Lage der Angebotskurve verändert. Stellen Sie die Veränderung grafisch dar (siehe Folgeseite).

A	Da der Markt für Robotertechnik und künstliche Intelligenz zukünftig hohe Ertragschancen verspricht, setzen immer mehr Unternehmen aus dem In- und Ausland auf die Herstellung derartiger Produkte. Wie wird sich diese Entwicklung auf das Angebot von Robotern auswirken?
B	Aufgrund gestiegener Rohstoffkosten in der Maschinenbaubranche sind einige Unternehmen nicht mehr in der Lage, kostendeckend zu arbeiten. Insolvenzen drohen. Welche Folgen hätte diese Situation auf das Angebot an Gütern?
C	Der Markt für Blu-Ray-Player ist mehr als gesättigt. Video-on-demand gehört die Zukunft. Aus diesem Grund haben mehrere Anbieter die Produktion von Blu-Ray-Playern eingestellt. Wie wirkt sich die Situation auf das Angebot von Blu-Ray-Playern aus?
D	Der Automobilindustrie ist es nach umfangreichen Investitionen in die Forschungs- und Entwicklungsabteilungen gelungen, Elektromotoren mit einer Reichweite von bis zu 800 km zu entwickeln. Wie wirkt sich die Situation auf das Angebot nach Elektrofahrzeugen aus?

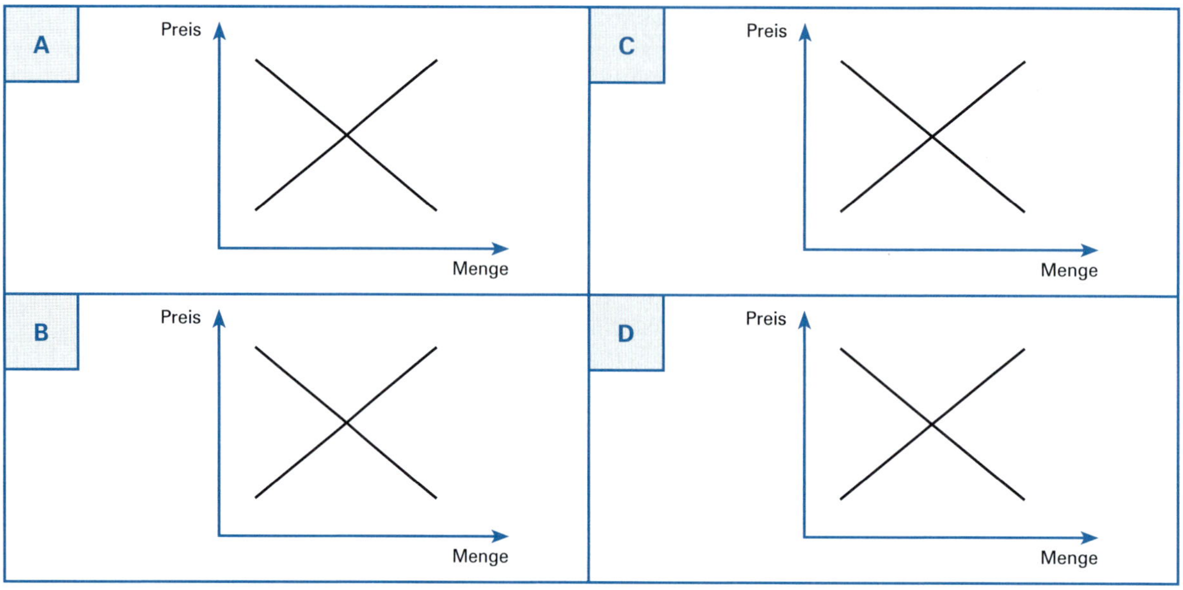

4. Entscheiden Sie in folgenden Fällen, ob das Angebot an bzw. die Nachfrage nach Gütern steigen oder sinken wird. Ordnen Sie das entsprechende Schaubild (siehe unten) zu.

V: Veränderung des Angebots bzw. der Nachfrage

① = Angebotsmenge steigt
② = Angebotsmenge sinkt
③ = Nachfragemenge steigt
④ = Nachfragemenge sinkt

S: Schaubild (siehe unten)

① = a
② = b
③ = c
④ = d

		V	S
A	Die Zahl der Anbieter auf dem Markt für CD-Player sinkt.		
B	Der technische Fortschritt führt zu einer Steigerung der Leistungsfähigkeit von VR-Brillen (Virtual-Reality-Brillen).		
C	Die Produktionskosten für Staubsauger sinken.		
D	Kaffeevollautomaten werden immer beliebter.		

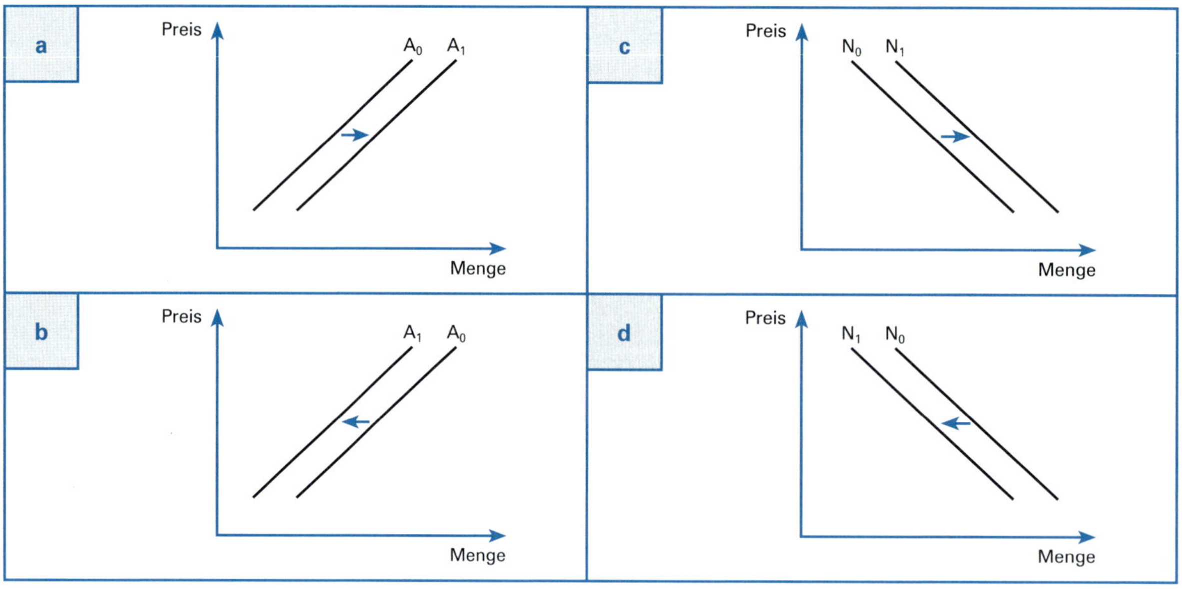

5. Prüfen Sie, ob es sich in folgenden Fällen um richtige oder falsche Aussagen handelt.
   ① = richtig
   ⑨ = falsch

A	Sinkt der Preis eines Gutes, wird die Nachfrage nach diesem Gut steigen. In diesem Fall handelt es sich um eine Bewegung entlang der Nachfragekurve.	
B	Steigt der Preis eines Gutes, wird die angebotene Menge steigen. In diesem Fall handelt es sich um eine Bewegung entlang der Angebotskurve.	
C	Führen Steuersenkungen zu steigenden Einkommen bei den privaten Haushalten, wird die Nachfrage nach einem Gut steigen. Die Nachfragekurve verschiebt sich nach rechts.	
D	Sinken die Produktionskosten für ein bestimmtes Gut, wird sich die angebotene Menge erhöhen. Die Angebotskurve verschiebt sich nach rechts.	
E	Steigen die Kartoffelpreise aufgrund einer schlechten Ernte, wird die Nachfrage nach Nudeln sinken. Die Nachfragekurve von Nudeln verschiebt sich nach links.	
F	Sinken die Produktionskosten, werden mehr Produkte auf dem Markt angeboten. Die Angebotskurve verschiebt sich nach links.	

Schulbuch Kap. 6.2.4

5 Staatliche Eingriffe in den Preismechanismus analysieren I

Situation:

Da die Mieten in den letzten Jahren in vielen deutschen Städten extrem gestiegen sind, können sich viele Menschen die hohen Mieten nicht mehr leisten. Angenommen, die Mieten liegen in einer Stadt gemäß Mietspiegel bei 12,00 EUR je m^2. Die Zahl der Mietwohnungen beträgt derzeit 400 000 Einheiten. Um dieser Entwicklung entgegenzuwirken, hat die Bundesregierung entschieden, eine Mietpreisbremse einzuführen. So dürfen die Wohnungen von nun an nur noch zu einem Preis von 11,00 EUR je m^2 vermietet werden.

Mietpreis in EUR je m^2	Angebotene Wohnungen in Tsd. Einheiten	Nachgefragte Wohnungen in Tsd. Einheiten
10,00 EUR	200 Tsd.	600 Tsd.
11,00 EUR	300 Tsd.	500 Tsd.
12,00 EUR	400 Tsd.	400 Tsd.
13,00 EUR	500 Tsd.	300 Tsd.
14,00 EUR	600 Tsd.	200 Tsd.

Arbeitsaufträge:

1. Zeichnen Sie zunächst die Angebotskurve und die Nachfragekurve sowie den Gleichgewichtspreis und die Gleichgewichtsmenge in das unten stehende Koordinatensystem ein. Überlegen Sie nun, wie sich die Mietpreisbremse auf den Wohnungsmarkt auswirken wird. Stellen Sie die Situation grafisch dar.

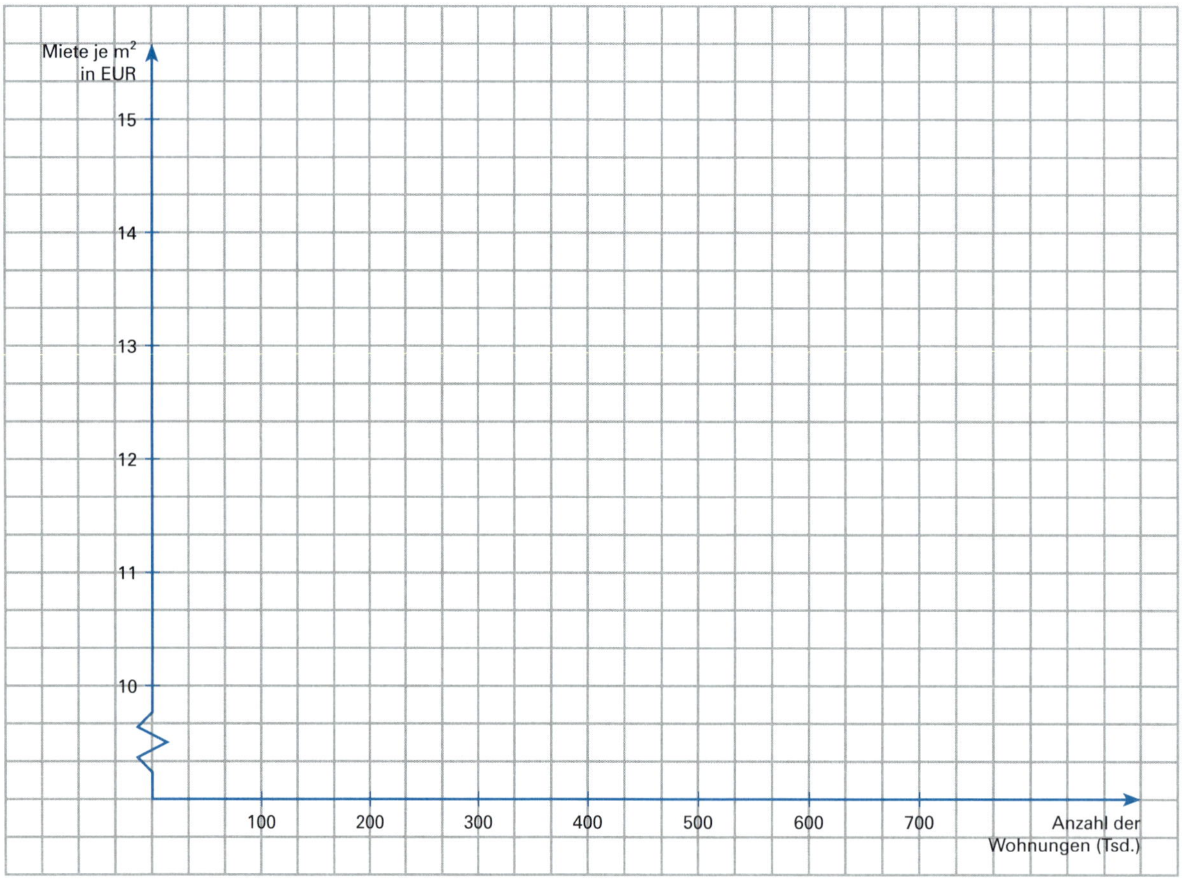

Ergebnis: Vervollständigen Sie den Lückentext.

Aufgrund des (1) ______________ Mietpreises steigt die Zahl der (2) ______________ Wohnungen um 100 000 Einheiten. Gleichzeitig werden aber nur noch 300 000 Wohnungen (3) ______________. Durch die staatliche Festsetzung des Höchstpreises entsteht somit ein (4) ______________. Der Höchstpreis setzt den (5) ______________ außer Kraft, sodass kein neues (6) ______________ entstehen kann. Letztlich ist die Situation (7) ______________ als zuvor. Die Miete ist zwar (8) ______________, aber es stehen viel (9) ______________ Wohnungen zur Verfügung. Warum aber wird das Wohnungsangebot bei niedrigen Mieten sinken? Ein Grund ist darin zu sehen, dass es sich für einige Vermieter nicht mehr (10) ______________, ihre Wohnung zu vermieten, da die Betriebskosten, wie z.B. Instandhaltungs- und Reparaturkosten, (11) ______________ sind als der Mieterlös. Darüber hinaus schreckt die (12) ______________ Miete möglicherweise Investoren ab, nicht mehr bewohnbare Gebäude (13) ______________, um (14) ______________ Wohnungen zu bauen. Staatliche (15) ______________ wirken sich somit (16) ______________ auf die Situation auf dem Wohnungsmarkt aus.

2. Nehmen Sie Stellung zu folgender Aussage: „Vom Staat festgelegte Höchstpreise für Mieten sorgen dafür, dass nötige Modernisierungsinvestitionen aufgeschoben bzw. gar nicht getätigt werden."

____

____

____

____

____

3. Entscheiden Sie, ob es sich im Folgenden um richtige oder falsche Aussagen handelt.
① = richtig
⑨ = falsch

A	Staatliche Höchstpreise setzen den Preismechanismus außer Kraft und sind daher marktinkonform (marktkonträr).	
B	Staatliche Höchstpreise sollen die Verbraucher vor zu hohen Preisen schützen. Da die Maßnahme i. d. R. aber zur Verknappung des Angebots führt, ist sie kontraproduktiv.	
C	Staatliche Höchstpreise führen zu einem Angebotsüberhang. Somit stehen mehr Güter bei sinkenden Preisen zur Verfügung.	
D	Staatliche Höchstpreise können zu Warteschlangen vor den Geschäften und leeren Regalen führen.	
E	Als Folge des Nachfrageüberhangs bilden sich häufig Schwarzmärkte, auf denen die Güter zu Preisen gehandelt werden, die über den Höchstpreisen liegen.	
F	Bei staatlichen Höchstpreisen (Höchstmieten) werden auf der Angebotsseite Neubauten von Mietshäusern zurückgehen und Reparaturen ausbleiben.	
G	Auf regulierten Märkten achten Vermieter darauf, ihre Gebäude und Wohnungen in einem guten Zustand zu halten, da auf diese Weise höhere Mieten verlangt werden können.	

4. Analysieren Sie folgenden Artikel und bearbeiten Sie die Arbeitsaufträge.

Die Mietpreisbremse wird nachgebessert

Bezahlbarer Wohnraum ist knapp – vor allem in Städten wie Düsseldorf, Hamburg, München oder Berlin. Knapp die Hälfte der Deutschen wohnen zur Miete – das ist einsamer Spitzenwert in Europa. Entsprechend viele Menschen leiden darunter, dass die Mietpreise in den vergangenen Jahren zwischen 20 und 45 Prozent gestiegen sind. Vor allem in Ballungsräumen haben Mieter mit hohen Wohnkosten zu kämpfen. In München beträgt die durchschnittliche Neuvertragsmiete ca. 20,00 EUR pro m^2. Um dem entgegenzuwirken, wurde Mitte 2015 die sogenannte Mietpreisbremse eingeführt. Die Mietpreisbremse sieht vor, dass bei einer Wiedervermietung von Bestandswohnungen in Städten mit angespanntem Wohnungsmarkt die Miete höchstens 10 Prozent über der ortsüblichen Vergleichsmiete liegen darf. Ob der Wohnungsmarkt als angespannt gilt, entscheiden die einzelnen Bundesländer. Wie hoch die Vergleichsmiete ist, kann den jeweiligen Mietspiegeln der einzelnen Städte entnommen werden. Die Mietpreisbremse gilt jedoch nicht für neue Wohnungen. Deren Miete kann der Eigentümer weiterhin ohne Beschränkung festlegen. Vergleichbares gilt bei Modernisierungsmaßnahmen. Wurde die Wohnung umfassend modernisiert, ist die erste Vermietung von der Mietpreisbremse ausgenommen. Liegt die Miete bereits oberhalb der 10 Prozent über der ortsüblichen Miete, kann sich der Vermieter zudem auf den Bestandschutz berufen. Vermieter dürfen die Miete dann auch bei Wiedervermietung verlangen. Mit der Zeit stellte sich heraus, dass die Einführung der Mietpreisbremse nicht zu den erhofften Wirkungen geführt hatte. Die Mieten stiegen munter weiter. Die Gründe hierfür sind vielfältig. Während die einen der Mietpreisbremse grundsätzlich kritisch gegenüberstehen, sehen andere Defizite in der konkreten Ausgestaltung. Einig sind sich die Experten wohl darin, dass sich ein Großteil der Vermieter nicht an die gesetzlichen Regelungen hält und Mieter oft nicht erkennen können, wenn ihr Vermieter gegen die Mietpreisbremse verstößt. Aus diesem Grund hat sich die Regierung entschieden, die Mietpreisbremse zu verschärfen. Vermieter sollen künftig verpflichtet sein, dem neuen Mieter mitzuteilen, wie viel Miete der Vormieter bezahlen musste, und begründen müssen, warum die Miete nun höher ist (beispielsweise aufgrund von umfangreichen Modernisierungsmaßnahmen). Ist die Miete zu hoch, kann der Mieter die zu viel gezahlte Miete einbehalten. Voraussetzung ist, dass er die zu hohe Miete schriftlich gerügt hat. Darüber hinaus kann die Rückzahlung zu viel gezahlter Miete vor Gericht eingeklagt werden.

Quelle: Fiktiver Artikel

4.1 Arbeiten Sie heraus, aus welchen Gründen die Mietpreisbremse nicht die erhoffte Wirkung gezeigt hat.

4.2 Erläutern Sie, warum Volkswirte der Mietpreisbremse grundsätzlich skeptisch gegenüberstehen.

5. Eine Alternative zu staatlichen Höchstpreisen stellen Transferleistungen dar. So könnte der Staat bedürftigen Familien Mietbeihilfen (Wohngeld) zahlen, um Wohnungen bezahlbar zu machen. Stellen Sie im folgenden Koordinatensystem exemplarisch dar, wie sich diese Maßnahme auf den Wohnungsmarkt auswirken würde.

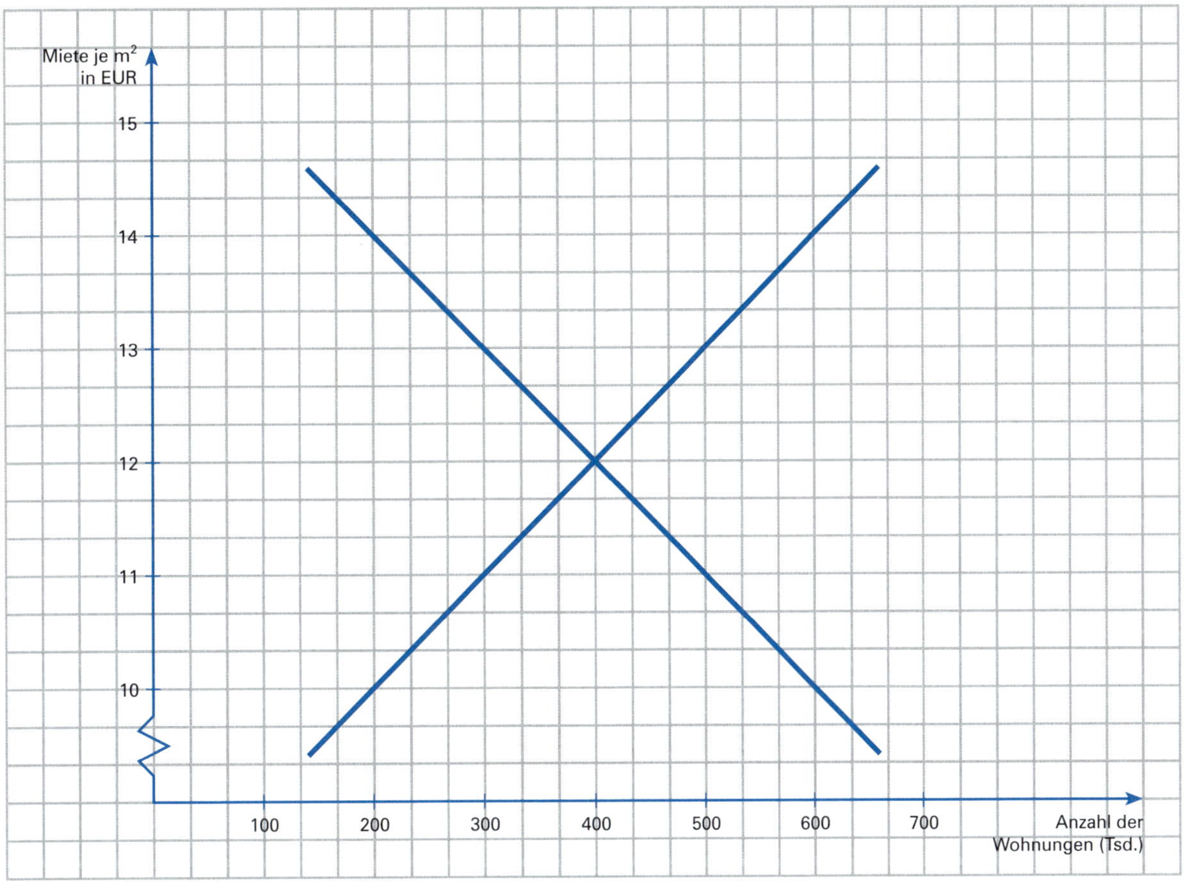

Ergebnis: Vervollständigen Sie den Lückentext mithilfe nachfolgender Füllwörter.

Zum bisherigen (1) ____________ von 12,00 EUR würden nun (2) ________ Wohnungen (3) ____________ werden. Die Mietbeihilfe für bedürftige Familien kommt einer (4) ____________ der Einkommen für diese Personengruppe gleich. Daher verschiebt sich die (5) ____________ nach (6) ____________ oben. Es entsteht ein (7) ____________. Aufgrund des Nachfrageüberhangs werden mehr (8) ____________ gebaut und die Mietpreise werden (9) ____________. Daraufhin wird einigen Familien die Wohnung doch zu (10) ____________ sein und sie werden auf eine Anmietung (11) ____________. Der Preismechanismus sorgt letztendlich dafür, dass sich das neue (12) ____________ auf einem höheren (13) ____________ einpendelt. Es werden (14) ____________ Wohnungen, wenn auch zu einem (15) ____________ Preis, vermietet. Somit wirkt sich die Zahlung von Wohngeld (16) ____________ auf die Situation auf dem Wohnungsmarkt aus.

Füllwörter:

angehoben	Erhöhung	Gleichgewicht	Gleichgewichtspreis	
höheren	mehr	mehr	Nachfragekurve	
Nachfrageüberhang	nachgefragt	Niveau	positiv	rechts
teuer	verzichten	Wohnungen		

6. Entscheiden Sie, ob es sich im Folgenden um richtige oder falsche Aussagen handelt.
   ① = richtig
   ⑨ = falsch

A	Transferleistungen, wie z.B. Wohngeld, setzen den Marktpreismechanismus nicht außer Kraft und sind daher marktkonform.	
B	Die Zahlung von Wohngeld führt sowohl zu einer Ausweitung des Wohnungsangebots als auch zu einer Senkung der Mieten.	
C	Transferzahlungen des Staates müssen aus Steuereinnahmen finanziert werden. Tendenziell führen zu hohe Staatsausgaben zu einer Erhöhung der Staatsverschuldung.	
D	Die Zahlung von Mietbeihilfen führt zu einem Angebotsüberhang. Somit stehen weniger Wohnungen bei sinkenden Preisen zur Verfügung.	
E	Der Staat kann nur so viel ausgeben, wie er einnimmt. Die Steuereinnahmen sind begrenzt. Zahlt der Staat Wohngeld, fehlt das Geld möglicherweise an anderer Stelle.	

7. Einige Experten sind der Meinung, dass die Zahlung von zu hohen Transferzahlungen an Bedürftige u.U. dazu führt, dass diese sich nicht selber genügend anstrengen, um ihre Einkommenssituation zu verbessern. Nehmen Sie Stellung.

Schulbuch Kap. 6.2.4

6 Staatliche Eingriffe in den Preismechanismus analysieren II

Situation:

Der Agrarmarkt in der EU

Die Zeiten haben sich geändert

Es gibt kaum einen anderen Markt, der so stark reguliert wurde wie die Agrarmärkte der Europäischen Union (EU). In den 70er-Jahren wurden den Landwirten durch Preis- und Absatzgarantien Anreize gegeben, regelrechte Butter- und Obstberge zu produzieren. Dieser Agrarprotektionismus – finanziert durch Steuereinnahmen – gehört der Vergangenheit an. Damals hatte er seine Berechtigung: Er fußte auf der Agrarpolitik der Nachkriegszeit, als es galt, die Versorgung der Bevölkerung mit Nahrungsmitteln sicherzustellen. Bis 1993 griff die EU umfassend in den Preismechanismus der freien Märkte ein. So legte die EU bis 1993 einen Mindestpreis für bestimmte Agrargüter, wie z.B. Milch, fest. Überschüssige Milch und Milchprodukte wurden den Landwirten von der EU abgekauft. Sogenannte Butterberge waren die Folge. Um dieses Problem in den Griff zu bekommen, wurde in den 80er-Jahren eine Milchquote eingeführt. Von nun an durfte jeder Landwirt nur noch eine bestimmte Menge Milch im Jahr produzieren. Außerdem wurde der Import von Agrarprodukten aus Ländern außerhalb Europas erschwert, indem durch Zölle der niedrigere Weltmarktpreis auf das Niveau des EU-Binnenmarktes angehoben wurde. Umgekehrt wurden den Landwirten Verluste erstattet, die beim Export wegen niedrigerer Weltmarktpreise entstanden.

Die starke Regulierung der Agrarmärkte ist mittlerweile Vergangenheit. Aber auch heute erhalten die Landwirte immer noch Milliardensummen aus dem EU-Haushalt. So stellt die EU jährlich ca. 55 Mrd. EUR als Direkthilfen für Landwirte zur Verfügung. Diese Direkthilfen werden an die Landwirte in Abhängigkeit der bewirtschafteten Fläche ausbezahlt und erhöhen als Transferleistung des Staates die Einkommen der Landwirte.

In Anlehnung an: Frankfurter Allgemeine Online und Institut für Ökonomische Bildung Online.

Arbeitsaufträge:

1. Arbeiten Sie die wesentlichen Informationen aus dem obigen Artikel heraus.

____

____

____

2. Kurz vor den Bundestagswahlen hat die Regierung den Forderungen der Landwirte nach Einkommenssteigerungen nachgegeben und einen Mindestpreis für Milch festgelegt. Dieser liegt nun mit 0,80 EUR pro Liter zehn Cent höher als der bisherige Preis. Angebot und Nachfrage lassen sich aus folgender Tabelle ablesen.

Milchpreis in EUR je Liter	Angebotene Milch in Mrd. Liter	Nachgefragte Milch in Mrd. Liter
0,50 EUR	200 Mrd.	400 Mrd.
0,60 EUR	250 Mrd.	350 Mrd.
0,70 EUR	300 Mrd.	300 Mrd.
0,80 EUR	350 Mrd.	250 Mrd.
0,90 EUR	400 Mrd.	200 Mrd.

Stellen Sie die Situation auf dem Markt für Milch vor der Einführung des staatlichen Mindestpreises grafisch dar. Erweitern Sie anschließend Ihre Zeichnung um die Auswirkung, die der Mindestpreis auf den Markt für Milch hat.

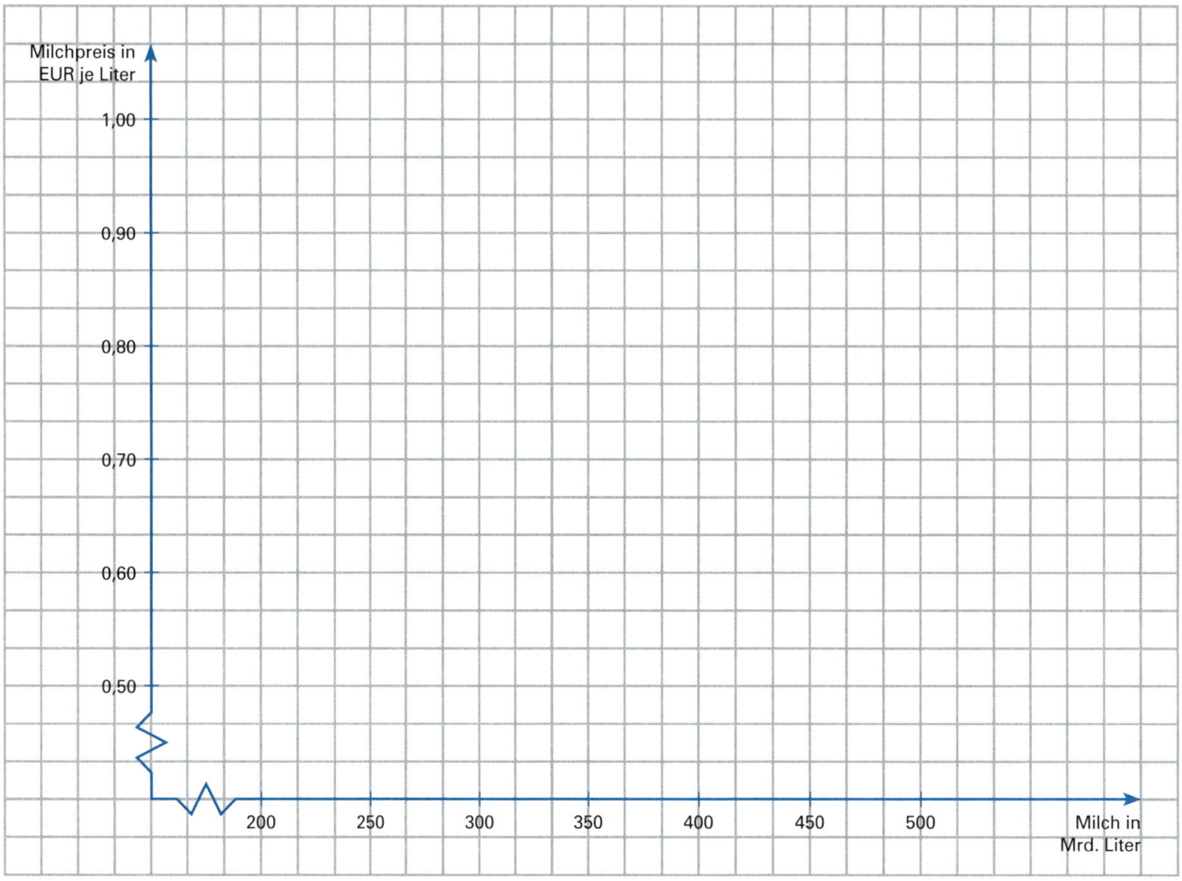

Ergebnis: Vervollständigen Sie den Lückentext.

Aufgrund des staatlich festgelegten (1) ____________________ für Milch, der (2) ______________ des bisherigen Gleichgewichtspreises liegt, geht die (3) ____________ nach Milch zurück. Gleichzeitig steigt die (4) _________________ Menge an Milch. Durch die staatliche Festsetzung des Mindestpreises entsteht ein (5) ______________________. Die überschüssige Menge muss dann vom Staat (6) ________________ werden. Der Mindestpreis setzt den (7) _______________________ außer Kraft, d. h., der Markt verharrt im (8) _________________________. Der staatliche Mindestpreis führt dazu, dass sich die Einkommenssituation der (9) _______________ auf Kosten der (10) ____________ verbessert. Darüber hinaus entstehen überschüssige (11) ______________________, die der (12) ___________ aufkaufen muss, was wiederum den Verbraucher bzw. den (13) _________________ belastet. Vom Staat garantierte Preise führen zudem tendenziell dazu, dass die Nutznießer Kostensenkungspotenziale nicht so angehen, wie es unter (14) _____________________________ der Fall wäre. Staatliche Mindestpreise sind nicht (15) ___________________ und somit aus volkswirtschaftlicher Sicht (16) _________________.

3. Entscheiden Sie, ob es sich im Folgenden um richtige oder falsche Aussagen handelt.
   ① = richtig
   ⑨ = falsch

A	Staatliche Mindestpreise setzen den Preismechanismus nicht außer Kraft und sind daher marktkonform.	
B	Staatliche Mindestpreise sollen zur Einkommenssicherung der Verkäufer beitragen.	
C	Staatliche Mindestpreise führen zu einem Nachfrageüberhang. Somit stehen weniger Güter bei sinkenden Preisen zur Verfügung.	
D	Staatliche Mindestpreise entlasten den Steuerzahler und können zu einer Verringerung der Staatsverschuldung beitragen.	
E	Auf Märkten, die durch Mindestpreise reguliert werden, bilden sich häufig Schwarzmärkte, auf denen die Güter zu Preisen gehandelt werden, die unter den Mindestpreisen liegen.	
F	Bei staatlichen Mindestpreisen mit Abnahmegarantie ist der Anreiz für die Hersteller sehr groß, viel zu produzieren. Eine Gegenmaßnahme ist die Einführung einer Produktionsquote.	
G	Die Produktion von Gütern, die niemand braucht und ungenutzt entsorgt werden müssen, stellt eine Verschwendung von Ressourcen dar.	
H	Direkte Einkommenshilfen, die zweckungebunden gewährt werden, haben keinerlei Einfluss auf den Preismechanismus und sind daher marktkonform.	
I	Staatliche Mindestpreise müssen unterhalb des Gleichgewichtspreises liegen, damit sie ihre gewünschte Wirkung entfalten können.	
J	Staatliche Mindestpreise beeinflussen nicht die Menge, die auf dem Markt angeboten wird.	
K	Einfuhrzölle und Exportsubventionen (zum Ausgleich von Verlusten) sind ebenfalls Maßnahmen, um die Einkommenssituation der Produzenten zu sichern bzw. zu verbessern.	

4. Prüfen Sie, welche der folgenden Aussagen richtig sind. Kreuzen Sie die entsprechenden Aussagen an.

A	Staatliche Höchstpreise sollen die Verbraucher vor zu hohen Preisen schützen. Die Maßnahme führt zu einer Ausweitung des Angebots und ist daher positiv zu bewerten.	
B	Schwarzmärkte können sich sowohl bei staatlichen Mindestpreisen als auch bei staatlichen Höchstpreisen bilden.	
C	Staatliche Höchstpreise führen zu einem Nachfrageüberhang. Somit stehen weniger Güter bei sinkenden Preisen zur Verfügung.	
D	Bei staatlichen Mindestpreisen wird eine Ausweitung des Angebots ausbleiben.	
E	Staatliche Höchstpreise setzen den Preismechanismus nicht außer Kraft und sind daher marktkonform.	
F	Staatliche Höchst- und Mindestpreise sollen entweder die Käufer oder die Verkäufer unterstützen. Aus volkswirtschaftlicher Sicht sind beide Maßnahmen marktinkonform (marktkonträr).	
G	Staatliche Höchstpreise führen zu einem Angebotsüberhang. Es stehen mehr Güter bei sinkenden Preisen zur Verfügung.	
H	Staatliche Mindestpreise können zu Warteschlangen vor den Geschäften und leeren Regalen führen.	
I	Mithilfe von Höchst- und Mindestpreisen sowie Einfuhrzöllen und Exportsubventionen hat der Staat die Möglichkeit, die Märkte zu regulieren.	
J	Staatliche Mindestpreise ohne Produktionsquoten führen zu Produktionsüberschüssen.	

Schulbuch Kap. 7.1.1.2f. + 7.1.5.3

1 Die wirtschaftspolitischen Ziele darstellen

Situation:

Politik ist zielgerichtetes Handeln. Der Staat muss sich also Ziele setzen, nach denen er seine Wirtschaftspolitik ausrichtet. Nach § 1 des Gesetzes zur Förderung der Stabilität und des Wachstums der Wirtschaft („Stabilitätsgesetz“) haben Bund und Länder das Oberziel des gesamtwirtschaftlichen Gleichgewichts zu beachten. Daraus leitet das Stabilitätsgesetz, wie die folgende Grafik zeigt, vier Unterziele ab:

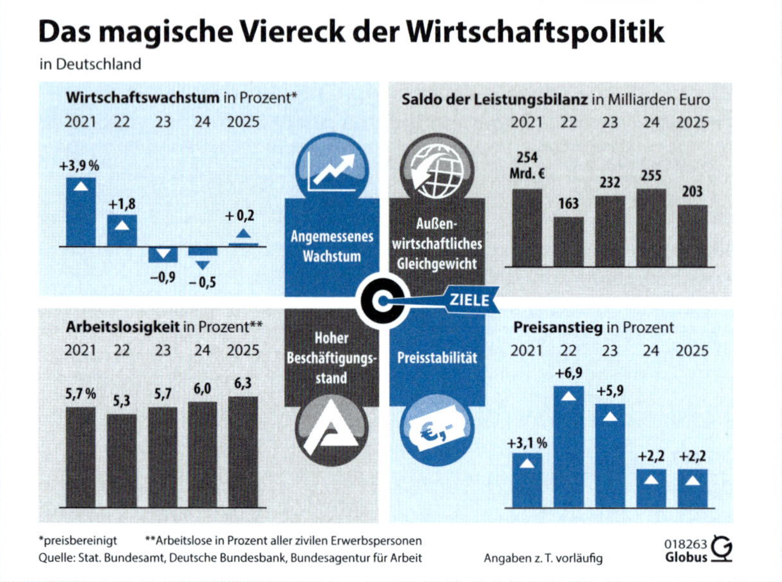

Arbeitsaufträge:

1. Analysieren Sie obiges Schaubild, indem Sie nachfolgende Leitfragen beantworten und die unten stehende Tabelle vervollständigen. Lesen Sie hierzu auch Kapitel 7.1.1.2 in Ihrem Schulbuch.
   - 1.1 Nennen Sie die vier Ziele der Wirtschaftspolitik.
   - 1.2 Arbeiten Sie aus dem Schulbuchtext heraus, ab wann die Ziele als erreicht gelten (Zielgröße).
   - 1.3 Wie stellt sich die Situation im Jahr 2025 dar?
   - 1.4 Wurden die Ziele erreicht?

	Ziele der Wirtschaftspolitik	Zielgröße	Ergebnis 2025	Ziel erreicht?
A				
B				
C				
D				

2. Werten Sie das Schaubild in der Situation anhand folgender Arbeitsaufträge aus.

   2.1 Ermitteln Sie das durchschnittliche Wirtschaftswachstum im dargestellten Zeitraum.

Ø Wirtschaftswachstum	

   2.2 Berechnen Sie, um wie viel Prozent der Exportüberschuss 2025 im Vergleich zu 2024 gesunken ist.

Exportüberschuss	

   2.3 Ermitteln Sie die Zahl der Arbeitslosen unter der Annahme, dass die Zahl aller zivilen Erwerbspersonen bei 46 Millionen liegt.

Zahl der Arbeitslosen	

   2.4 Nehmen Sie an, eine deutsche Durchschnittsfamilie hat im Jahr 2024 Waren und Dienstleistungen im Wert von 28 800,00 EUR konsumiert. Berechnen Sie, wie viel eine Familie im Jahr 2025 ausgeben musste, um die gleichen Waren und Dienstleistungen kaufen zu können.

Wert der Waren und Dienstleistungen 2025	

3. Ergänzen Sie das Schaubild zum Stabilitätsgesetz um die entsprechenden wirtschaftspolitischen Ziele. Lesen Sie hierzu auch Kapitel 7.1.1.3 in Ihrem Schulbuch.

Stabilitätsgesetz

Add-on

Mit der Zeit wurde das magische Viereck um die Ziele ________________ der natürlichen ________________________ und gerechte ____________________________ zum magischen ________________ ergänzt.

Die beiden Ziele wurden aber ____________ ins Stabilitätsgesetz aufgenommen.

4. Nehmen Sie Stellung zu folgender Aussage: „Gerechte Einkommensverteilung bedeutet, dass diejenigen, die mehr leisten als andere, auch mehr verdienen müssen."

____

____

____

____

____

____

5. Das moderne Leben ist ohne Energie nicht denkbar. Energie wird überall benötigt, egal ob im privaten Haushalt oder in den Unternehmen. Ohne Strom stünden die Räder still. Aufgrund der Reaktorkatastrophe im japanischen Fukushima und der Entsorgungsproblematik von Atommüll hat die deutsche Bundesregierung 2011 den Ausstieg aus der Kernenergie bis 2022 beschlossen. Aufgrund des Klimawandels und des Drucks der Bevölkerung wurde 2020 auch der Kohleausstieg bis spätestens 2038 per Gesetz verabschiedet. Die erneuerbaren Energien Sonne und Wind stehen in unseren Breitengraden nicht konstant zur Verfügung bzw. sind noch nicht ausgereift genug, um den Energiebedarf des Industriestandorts Deutschland in Gänze zu decken. Ein Dilemma.

   Begründen Sie, welche Empfehlung Sie der deutschen Bundesregierung geben würden.

6. Prüfen Sie, ob in folgenden Fällen Zielharmonie, ein Zielkonflikt oder Zielneutralität vorliegt.

   ① = Zielharmonie ② = Zielkonflikt ③ = Zielindifferenz

	Ziel 1	Ziel 2	?
A	Wirtschaftswachstum	hoher Beschäftigungsstand	
B	gerechte Einkommensverteilung	Erhaltung der natürlichen Lebensgrundlagen	
C	Wirtschaftswachstum	Preisniveaustabilität	
D	Wirtschaftswachstum	Erhaltung der natürlichen Lebensgrundlagen	
E	Wirtschaftswachstum	gerechte Einkommensverteilung	

7. Nehmen Sie Stellung zu folgender Aussage: „Jegliche Maßnahmen zur Erhaltung der natürlichen Lebensgrundlagen sind mit negativen Auswirkungen auf die Wirtschaft verbunden."

8. Stellen Sie fest, welche beiden Ziele **nicht** dem magischen Sechseck zugeordnet werden können. Kreuzen Sie an.

A	angemessenes und stetiges Wirtschaftswachstum	
B	Preisniveaustabilität	
C	ausgeglichener Staatshaushalt	
D	hoher Beschäftigungsstand	
E	gerechte Einkommensverteilung	
F	humane Arbeitsbedingungen	
G	Erhaltung der natürlichen Lebensgrundlagen	
H	außenwirtschaftliches Gleichgewicht	

9. In konjunkturell schwierigen Zeiten steigt die Zahl der Arbeitslosen in einer Volkswirtschaft. Man spricht hier von konjunktureller Arbeitslosigkeit. Neben der schwachen Konjunktur gibt es jedoch auch noch weitere Ursachen, die zur Arbeitslosigkeit führen. Lesen Sie hierzu auch das Kapitel „7.1.5.3 Formen der Arbeitslosigkeit“ in Ihrem Schulbuch.

Ordnen Sie zu:

① = konjunkturelle Arbeitslosigkeit
② = strukturelle Arbeitslosigkeit
③ = friktionelle Arbeitslosigkeit
④ = saisonale Arbeitslosigkeit

A	Der Bergbauingenieur Weber verliert aufgrund der Zechenschließungen im Ruhrgebiet seine Arbeitsstelle bei der Ruhrkohle AG.	
B	In den Sommermonaten ist der Skilehrer Winkelmoser meist arbeitslos, da die Skipisten in den Alpen nicht betrieben werden können.	
C	Das Onlinebanking hat dazu geführt, dass viele Zweigstellen der Commerzbank geschlossen wurden. Hierdurch hat Frau Wegener ihre Arbeitsstelle verloren.	
D	Frau Koberg ist mit ihrer Tätigkeit bei der Friedmann AG unzufrieden. Daher kündigt sie das Arbeitsverhältnis mit einer Frist von vier Wochen. Eine neue Stelle hat sie auch schon in Aussicht. Allerdings kann sie diese erst in drei Monaten antreten.	
E	Aufgrund der derzeit schlechten wirtschaftlichen Lage in der Büromöbelbranche muss auch die Ulmer Büromöbel AG betriebsbedingte Kündigungen aussprechen.	
F	Nachdem Herr Dachser schon zweimal wegen ständigen Verspätungen abgemahnt wurde, hat die Ulmer Büromöbel AG Herrn Dachser nun fristgerecht gekündigt.	

2 Wirtschaftswachstum mithilfe des Bruttoinlandsprodukts messen

Schulbuch Kap. 7.1.2

Situation:

Lesen Sie zunächst nachfolgenden Artikel.

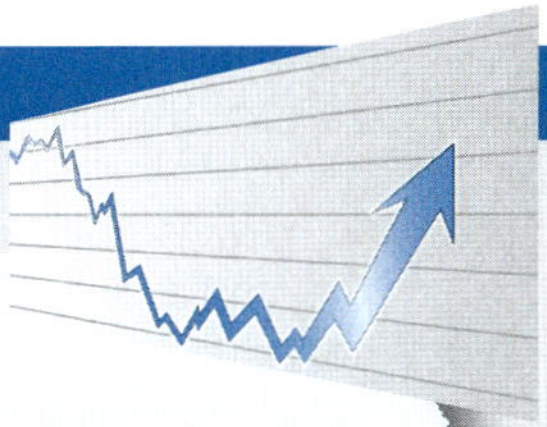

Die deutsche Wirtschaft auf Wachstumskurs

BIP deutlich im Plus

Die deutsche Wirtschaft ist in diesem Jahr so stark gewachsen wie seit vier Jahren nicht mehr. Vor allem die Kauflaune der Verbraucher sorgte dafür, dass das Bruttoinlandsprodukt um 1,7 Prozent stieg. Für das laufende Jahr gehen die Erwartungen allerdings weit auseinander. Optimisten prognostizieren ein Anziehen der Konjunktur von mehr als zwei Prozent. Pessimisten hingegen rechnen nur mit einem Wirtschaftswachstum von knapp einem Prozent.

Hintergrund des Wachstums sind zum einen die guten Exportzahlen. Deutsche Waren sind im Ausland sehr beliebt. Positiv wirkt sich auch die gute Lage am Arbeitsmarkt aus. Die Bundesagentur für Arbeit zählte für das vergangene Jahr 2,5 Millionen Menschen ohne Job – so wenig waren es zuletzt 1992. Durch die steigende Beschäftigung haben viele Menschen mehr Geld – das fördert den Konsum der privaten Haushalte. Auch die Tariflöhne sind vergleichsweise stark gestiegen. Hinzu kommt, dass die Preise in Deutschland mehr oder weniger stabil geblieben sind.

Nicht zuletzt fördert auch der niedrige Ölpreis, der sich für die Verbraucher auf der Mietnebenkostenabrechnung und an der Tankstelle bemerkbar macht, den Konsum der Verbraucher.

Quelle: Fiktiver Artikel.

Arbeitsaufträge:

1. Nennen Sie die Gründe, die zu der im Artikel beschriebenen positiven Entwicklung geführt haben.

1	
2	
3	
4	
5	

2. Laut obigem Artikel ist das Bruttoinlandsprodukt gestiegen. Informieren Sie sich in Ihrem Schulbuch über das Bruttoinlandsprodukt und vervollständigen Sie den folgenden Lückentext, indem Sie nachstehende Füllwörter verwenden.

Das Bruttoinlandsprodukt

Sowohl das (1) ______________________ (BIP) als auch das (2) ______________________ (BNE) sind wichtige (3) ______________ der volkswirtschaftlichen Gesamtrechnung, die Auskunft darüber geben, wie gut oder schlecht sich die (4) ______________ in einem Land entwickelt hat. Eingerechnet werden sämtliche (5) ____________ und (6) ____________________, die in einem bestimmten (7) ______________ in einem Land, z. B. Deutschland, (8) ______________ wurden.

Das Bruttoinlandsprodukt umfasst hierbei die in (9) ________________ produzierten Güter und Dienstleistungen, (10) ________________ davon, ob diejenigen, die die Leistung erbracht haben, ihren ständigen (11) ______________ in Deutschland haben oder nicht.

Das Bruttonationaleinkommen hingegen bezieht sich auf die im (12) ____________ und (13) ______________ von in Deutschland wohnhaften Personen produzierten Güter und Dienstleistungen. In Deutschland weichen BIP und BNE jedoch nicht (14) ________________ voneinander ab.

Füllwörter:
Ausland, Bruttoinlandsprodukt, Bruttonationaleinkommen, Deutschland, Dienstleistungen, gravierend, Güter, Inland, Kennzahlen, produziert, unabhängig, Wirtschaft, Wohnsitz, Zeitraum.

3. Das Statistische Bundesamt hat für die einzelnen Wirtschaftsbereiche folgende Daten ermittelt: *Öffentliche Dienstleister und private Dienstleister 903 Mrd. EUR – Finanzierung, Vermietung und Unternehmensdienstleister 544 Mrd. EUR – Gütersubventionen 8 Mrd. EUR – Land- und Forstwirtschaft, Fischerei 17 Mrd. EUR – Produzierendes Gewerbe ohne Baugewerbe 707 Mrd. EUR – Handel, Gastgewerbe und Verkehr 430 Mrd. EUR – Gütersteuern 311 Mrd. EUR – Baugewerbe 124 Mrd. EUR – Abschreibungen 500 Mrd. EUR.*

   Vervollständigen Sie das folgende Schema zur Entstehungsrechnung und berechnen Sie die Bruttowertschöpfung der Volkswirtschaft sowie das Brutto- und Nettoinlandsprodukt.

Entstehungsrechnung:

		in Mrd. EUR
	Land- und Forstwirtschaft, Fischerei	
+	________________	
+	Baugewerbe	
+	________________	
+	Finanzierung, Vermietung und Unternehmensdienstleister	
+	Öffentliche und private Dienstleister	
=	**Bruttowertschöpfung**	
+	________________	
–	Gütersubventionen	
=	**Bruttoinlandsprodukt**	
–	Abschreibungen	
=	**Nettoinlandsprodukt**	

4. Das Statistische Bundesamt hat für die Nachfrageseite folgende Daten ermittelt:
Importe 1 180 Mrd. EUR – Konsumausgaben des Staates 585 Mrd. EUR – Bruttoinvestitionen 568 Mrd. EUR – Exporte 1 420 Mrd. EUR – Private Konsumausgaben 1 635 Mrd. EUR.

Vervollständigen Sie das folgende Schema zur Verwendungsrechnung und berechnen Sie das Bruttoinlandsprodukt.

Verwendungsrechnung:

		in Mrd. EUR	
	Private Konsumausgaben		
+	______________________		
+	Bruttoinvestitionen		
+	______________________		Differenz = ______________-beitrag
–	Importe		
=	**Bruttoinlandsprodukt zu Marktpreisen**		

5. Ermitteln Sie anhand des unten stehenden Schaubilds folgende Größen.

Bruttowertschöpfung		**Außenbeitrag**	
Gütersteuern abzgl. Gütersubventionen		**Konsumausgaben**	
Exporte		**Abschreibungen**	

Entstehung, Verwendung und Verteilung des Bruttoinlandsprodukts 20.. in Mrd. EUR

Entstehungsrechnung		Verwendungsrechnung		Verteilungsrechnung	
Bruttowertschöpfung	?	**Konsumausgaben**	?	**Volkseinkommen**	**2 140**
Land- und Forstwirtschaft, Fischerei	20	Private Konsumausgaben	1 630	Arbeitnehmerentgelt	1 480
Produzierendes Gewerbe ohne Baugewerbe	730	Konsumausgaben des Staates	580	Unternehmens- und Vermögenseinkommen	660
Baugewerbe	130	+		+	
Handel, Verkehr, Gastgewerbe	420	**Bruttoinvestitionen**	**620**	**Produktions- und Importabgaben abzgl. Subventionen**	**310**
Information & Kommunikation	130	+		+	
Finanz- und Versicherungsdienstleister	106	**Außenbeitrag**	?	**Abschreibungen**	?
Grundstücks- und Wohnungswesen	304	Exporte	?	+	
Unternehmensdienstleister	306	Importe	1 188	**Saldo der Primäreinkommen aus der übrigen Welt**	**65**
Öffentliche Dienstleister, Erziehung, Gesundheit	496				
Sonstige Dienstleister	108				
+					
Gütersteuern abzgl. Gütersubventionen	?				
Bruttoinlandsprodukt 3 052					

6. Ermitteln Sie anhand des Schaubildes aus Arbeitsauftrag 5 die Lohnquote sowie die Gewinnquote und veranschaulichen Sie das Ergebnis in Form eines Kreisdiagramms.

7. Beschreiben und interpretieren Sie anhand folgender Arbeitsaufträge das Schaubild zum BIP.

7.1 Ermitteln Sie, um wie viel Prozent sich das reale BIP 2025 im Vergleich zum Vorjahr verändert hat.

7.2 Stellen Sie fest, in welchem Jahr das reale BIP am stärksten gestiegen ist.

7.3 Berechnen Sie, wie viel Milliarden Euro 2025 auf den privaten Konsum entfielen.

7.4 Ermitteln Sie die Lohnquote 2025.

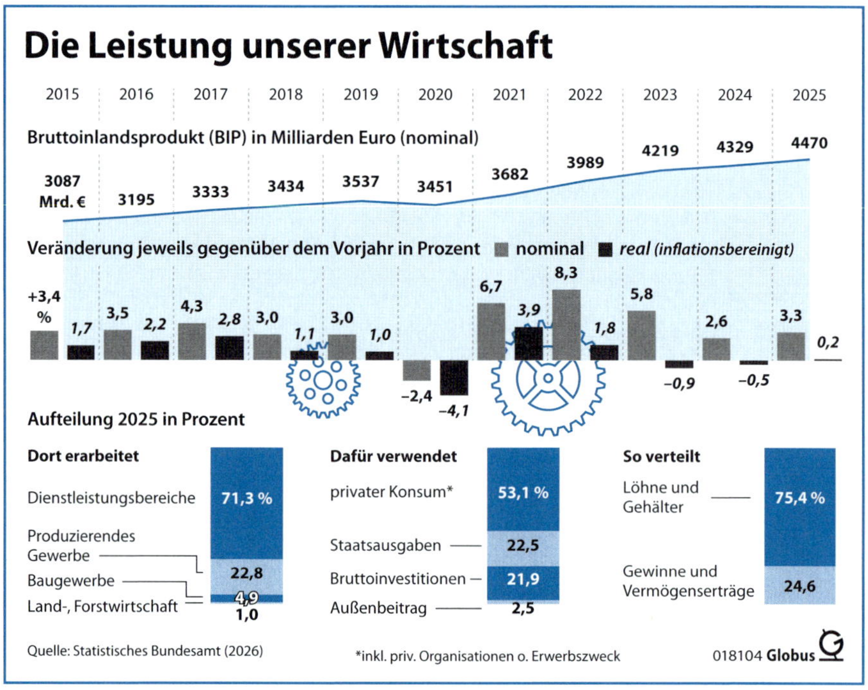

Schulbuch Kap. 7.1.2.4

3 Kritik am BIP als Wohlstandsindikator erläutern und alternative Indikatoren darstellen

Situation:

Lesen Sie zunächst das nachfolgende Interview:

BIP – ein Indikator mit Schwächen?

**Interview der Zeitschrift „MANAGER VON MORGEN" (MVM)
mit Dipl.-Volkswirt Knut Westerburg, Experte für Statistik und Wohlstandsforschung**

MVM: Herr Westerburg, das Bruttoinlandsprodukt (BIP) gilt seit Jahrzehnten als der wichtigste Gradmesser für wirtschaftliche Leistung und Wohlstand einer Volkswirtschaft. Doch die Kennzahl ist in letzter Zeit massiv in die Kritik geraten. Was sind die Gründe?

Westerburg: Nun, die Schwachpunkte des BIPs sind seit Langem bekannt und auch unter Fachleuten unumstritten. Aufgrund von fehlenden Alternativen hat man jedoch weiterhin auf das BIP gesetzt. In der letzten Zeit ist die Unzufriedenheit jedoch gestiegen und es wird verstärkt nach einem aussagekräftigeren Wohlstandsindikator gesucht.

MVM: Bevor wir darauf zu sprechen kommen, was sind denn die Gründe für die anhaltende Kritik?

Westerburg: Die Gründe sind sehr vielfältig. Ein grundsätzliches Problem besteht darin, dass Leistungen nur dann ins BIP eingehen, wenn sie bezahlt werden. Ehrenamtliches Engagement, Kindererziehung zu Hause, Heimwerkerarbeiten und vieles mehr, werden nicht erfasst. Dafür steigern paradoxerweise Verkehrsunfälle und Umweltschäden das BIP. Vereinfachend ausgedrückt könnte man sagen: Je mehr Umweltschäden beseitigt werden müssen, desto höher das BIP.

MVM: Gibt es neben diesen Erfassungsproblemen weitere Kritikpunkte?

Westerburg: Ja. Problematisch ist auch, dass das BIP nicht zwischen erstrebenswerten und weniger erstrebenswerten Gütern und Dienstleistungen unterscheidet: Der Verkauf von Zigaretten und Alkohol erhöht das BIP genauso wie der Absatz von gesunden Lebensmitteln. Auch die Kosten, die Alkohol und Zigaretten im Gesundheitswesen verursachen, gehen positiv in die BIP-Berechnung ein.

MVM: Es fehlt also die Möglichkeit, positive und negative Effekte gegeneinander aufzurechnen?

Westerburg: Richtig. Und darüber hinaus sagt auch das BIP pro Kopf natürlich nichts darüber aus, wie die Einkommen verteilt sind.

MVM: Wie meinen Sie das?

Westerburg: Nun, es ist nicht auszuschließen, dass trotz hohem BIP ein großer Teil der Bevölkerung in Armut lebt, weil sich der Reichtum in den Händen weniger befindet.

MVM: Wie aber könnte ein realitätsnäherer Wohlstandsindikator aussehen?

Westerburg: Es sollte auf jeden Fall ein Indikator sein, der neben der wirtschaftlichen Leistung auch soziale und ökologische Aspekte berücksichtigt.

MVM: Gibt es den denn?

Westerburg: Über Alternativen denkt man schon lange nach. Schon in den 70er-Jahren hat der amerikanische Nobelpreisökonom Samuelson den sogenannten Net Economic Welfare (NEW) entwickelt, der das BIP um die sozialen Kosten bereinigt und die privaten Dienste hinzurechnet. Auch die Vereinigten Nationen waren nicht untätig. Seit 1990 wird der Human Development Index (HDI) veröffentlicht, der zusätzlich zum BIP pro Kopf die Lebenserwartung und die Bildung der Bevölkerung berücksichtigt.

MVM: Durchgesetzt haben sich die Indizes aber nicht?

Westerburg: So richtig nicht. Nicht wenige halten das NEW-Konzept für einen Versuch, das nicht Messbare zu messen und der HDI erscheint manchen als zu vereinfacht.

MVM: Das heißt, man muss sich mit den Schwächen des BIP abfinden?

Westerburg: Nicht unbedingt. Alle sind sich darüber einig, dass sich der Wohlstand eines Landes nicht alleine über die Versorgung mit materiellen Gütern definiert. Daher muss das BIP um weitere Indikatoren ergänzt werden. So hat der Deutsche Bundestag eine Kommission unter Leitung des renommierten Sozialwissenschaftlers Professor Miegel damit beauftragt, diesbezügliche Vorschläge zu unterbreiten. Dabei herausgekommen ist das sogenannte Wohlstandsquintett. Dies enthält neben dem BIP pro Kopf einen Indikator zur Einkommensverteilung, die gesellschaftliche Ausgrenzungsquote, einen ökologischen Indikator und die öffentliche Schuldenquote.

MVM: Herr Westerburg, wir danken Ihnen für das Gespräch.

Arbeitsaufträge:

1. Erzieherinnen und Erzieher in Kitas und Kindergärten haben keinen leichten Job. Mütter und Väter, die ihre Kinder zu Hause betreuen, stehen oftmals vor den gleichen Herausforderungen. Erläutern Sie, worin der Unterschied bei der Berechnung des Bruttoinlandsprodukts besteht.

____

____

____

____

____

2. Dem BIP als Wohlstandsindikator wird häufig mit Skepsis begegnet. Führen Sie anhand des Zeitschrifteninterviews weitere Schwachpunkte auf.

1	
2	
3	
4	

3. Neben dem Net Economic Welfare (NEW) und dem Human Development Index (HDI) stellt das sogenannte Wohlstandsquintett einen weiteren möglichen Lösungsansatz für einen aussagekräftigeren Wohlstandsindikator dar. Nennen Sie mithilfe von Material 1 die fünf Indikatoren, die das Wohlstandsquintett beinhaltet.

Wohlstandsquintett	
1	
2	
3	
4	
5	

Material 1: Auszug aus dem 1 x 1 der Volkswirtschaft

1 x 1 der Volkswirtschaft

Wohlstandsquintett

Das Wohlstandsquintett besteht aus fünf Indikatoren. Das BIP pro Kopf dient als Indikator für den materiellen Wohlstand der Bevölkerung, die 80/20-Relation misst, wie dieser auf die Bevölkerung verteilt ist, die gesellschaftliche Ausgrenzungsquote ist der Gradmesser für den Zusammenhalt der Gesellschaft, der ökologische Fußabdruck ist ein Maß für ökologische Nachhaltigkeit und die Höhe der Staatsverschuldung zeigt an, wie zukunftsfähig ein Land ist.

Das **Bruttoinlandsprodukt je Einwohner (BIP pro Kopf)** ist ein Indikator für die wirtschaftliche Leistungsfähigkeit einer Volkswirtschaft und die Versorgung der Bevölkerung mit materiellen Gütern und kommerziellen Diensten. In der EU gelten Länder, die über ein BIP pro Kopf von mehr als 23 000,00 EUR verfügen als wohlhabend.

Der zweite Indikator ist die **80/20-Relation.** Damit setzt man die Summe der verfügbaren Einkommen der reichsten 20 % ins Verhältnis zu den Mitteln der ärmsten 20 % der Bevölkerung. Die Relation zeigt an, ob am materiellen Wohlstand eines Landes breite Bevölkerungsschichten teilhaben oder nur kleine Gruppen hiervon profitieren. Das Einkommen der wirtschaftlich stärksten 20 % sollte nicht mehr als das Fünffache des Einkommens der wirtschaftlich schwächsten 20 % betragen.

Steigt das verfügbare Einkommen der reichsten 20 % schneller als die Einkommen der ärmsten 20 %, wächst die Einkommensungleichheit. Untersuchungen belegen, dass die Einkommensverteilung Zufriedenheit und Wohlbefinden einer Bevölkerung erheblich beeinflussen. So sind in Ländern mit hoher Einkommensungleichheit nicht nur Depressionen, Drogensucht, Fettleibigkeit und Gewalt stärker verbreitet, sondern ihre Bevölkerungen haben auch geringere Lese- und Schreibkompetenzen sowie ein geringeres Vertrauen in ihre Mitmenschen.

Allerdings hat auch eine zu hohe Einkommensgleichheit gravierende Nachteile. Wie das Beispiel kommunistischer Planwirtschaften gezeigt hat, gehen dadurch produktive Spannungen verloren, was wiederum Innovationen und die Produktivität negativ beeinflusst.

Der dritte Indikator, die **gesellschaftliche Ausgrenzungsquote,** belegt, wie viele Menschen sich aus der Gesellschaft ausgeschlossen fühlen. Sie ist für das Wohlbefinden besonders wichtig. So sind Menschen, die nur schwach in die Gesellschaft eingebunden sind, weniger zufrieden mit ihrem Leben.

Je mehr Menschen sich aus der Gesellschaft ausgeschlossen fühlen, desto instabiler wird diese und umso größer ist das Risiko, dass soziale Konflikte auftreten. Materielle Armut oder eine hohe Einkommensungleichheit können Gründe sein, sich ausgeschlossen zu fühlen.

Oft liegt es aber auch an fehlenden menschlichen Beziehungen, an der Zugehörigkeit zu einer gesellschaftlichen Minderheit, an mangelnder Einbindung in den Arbeitsmarkt, an gesundheitlichen Problemen oder an einem geringen Bildungsniveau. Möglicherweise lassen sich Defizite im materiellen Bereich auch durch zufriedenstellende zwischenmenschliche Beziehungen, die Einbindung in den Arbeitsmarkt und in die Gesellschaft oder einen besseren Gesundheitszustand kompensieren. Die gesellschaftliche Ausgrenzungsquote sollte nicht mehr als 16 % betragen.

Die Natur ist die Lebensgrundlage der Menschen. Eine langfristige gute Lebensqualität kann nur mit einer intakten Umwelt aufrechterhalten werden. Um herauszufinden, inwieweit der aktuelle Lebensstandard auf ökologisch verträgliche Art und Weise erwirtschaftet wird, wird als weiterer Indikator der **ökologische Fußabdruck** herangezogen. Der ökologische Fußabdruck ist ein Bild, das für den Ressourcenverbrauch eines Landes steht. So werden für die Produktion von Gütern und Dienstleistungen Rohstoffe und Energie benötigt, die aus der Natur stammen.

Allerdings ist das Leistungsvermögen der Natur, Biokapazität genannt, begrenzt. So gibt es z. B. natürliche Grenzen, wie schnell sich Fischbestände wieder erholen, wie viel Kohlendioxid (CO_2) die Atmosphäre aufnehmen kann oder wie viel Fläche zur Verfügung steht, auf der Landwirtschaft betrieben werden kann. Die maximale Biokapazität der Erde bildet somit die natürliche Grenze für das Wachstum der Weltbevölkerung und die Produktion von Gütern und Dienstleistungen. Der ökologische Fußabdruck misst nun, wie viel Ressourcen (Acker- und Weideland, Gewässer sowie Wald- und Siedlungsfläche) ein Land für die Güter- und Dienstleistungsproduktion benötigt. Die so ermittelte Fläche ist der ökologische Fußabdruck eines Landes. Übersteigt der ökologische Fußabdruck die regenerierbare Biokapazität, ist der Fortbestand der Menschheit gefährdet. Rein rechnerisch stehen jedem Menschen 1,8 globale Hektar (gha) Erdoberfläche zur Verfügung, ohne dass Natur und Umwelt Schaden nehmen. Der ökologische Fußabdruck pro Kopf eines Landes sollte die globale Biokapazität pro Kopf nicht überschreiten.

Die **Schuldenquote** des Staates ist die fünfte und letzte Kennzahl. Sie drückt die **öffentliche** Gesamtverschuldung eines Landes im Verhältnis zum BIP aus. Sie gibt an, inwieweit der materielle Wohlstand „auf Pump" und damit im Vorgriff auf die Zukunft erwirtschaftet wurde. Die Schuldenquote ist folglich ein Gradmesser für die Zukunftsfähigkeit eines Landes. Denn mit steigendem Schuldenstand muss ein immer größerer Teil der öffentlichen Mittel für Zinsen und die Tilgung der Kredite verwendet werden. Somit steht weniger Geld für andere Zwecke wie Bildungsinvestitionen oder Sozialleistungen zur Verfügung. Damit werden nicht nur die wirtschaftspolitischen Gestaltungsräume in Wirtschaftskrisen eingeschränkt, sondern auch die Grundlagen künftigen materiellen Wohlstands gefährdet.

Umstritten ist, ab welcher Höhe sich die Staatsverschuldung negativ auf die Zukunftsfähigkeit eines Landes auswirkt. So wird eine kurzfristige Erhöhung der Staatsverschuldung zur Finanzierung von Zukunftsinvestitionen in Forschung oder Bildung in der Regel positiv bewertet, während eine dauerhaft hohe Staatsverschuldung durchweg negativ beurteilt wird. In der EU eine Schuldenquote von maximal 60 % angestrebt.

4. Vergleichen Sie den Wohlstand in Deutschland mit dem der unten aufgeführten Länder nach den Vorgaben des Wohlstandsquintetts und unter Berücksichtigung des vorgegebenen Datenmaterials (Material 2). Legen Sie zunächst die Grenzwerte für die einzelnen Indikatoren fest.

Indikatoren	Grenzwerte
BIP pro Kopf	
80/20-Relation	
Gesellschaftliche Ausgrenzungsquote	
Ökologischer Fußabdruck	
Öffentliche Schuldenquote	

Indikatoren	Ländervergleich					
	Deutschland		Dänemark		Niederlande	
	Wert	Bewertung*	Wert	Bewertung*	Wert	Bewertung*
BIP pro Kopf						
80/20-Relation						
Gesellschaftliche Ausgrenzungsquote						
Ökologischer Fußabdruck						
Öffentliche Schuldenquote						

Indikatoren	Ländervergleich					
	Polen		Italien		Frankreich	
	Wert	Bewertung*	Wert	Bewertung*	Wert	Bewertung*
BIP pro Kopf						
80/20-Relation						
Gesellschaftliche Ausgrenzungsquote						
Ökologischer Fußabdruck						
Öffentliche Schuldenquote						

* ++ = *sehr gut* + = *gut* +/− = *mittel* − = *schlecht* −− = *sehr schlecht.*

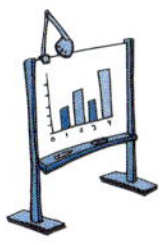

Material 2: Datenmaterial zum Wohlstandsquintett

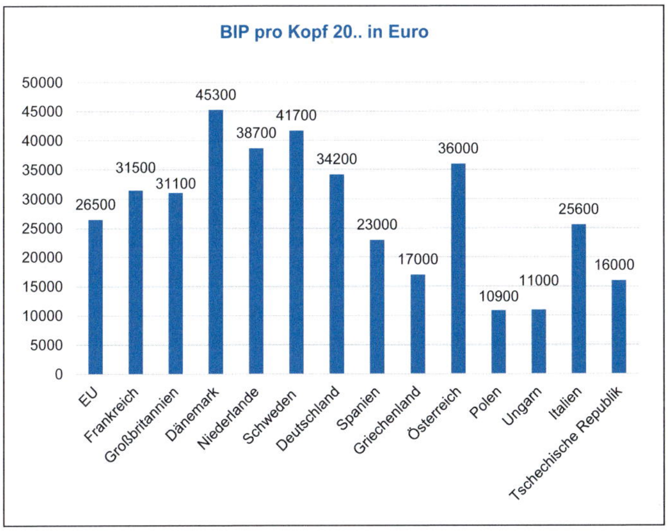

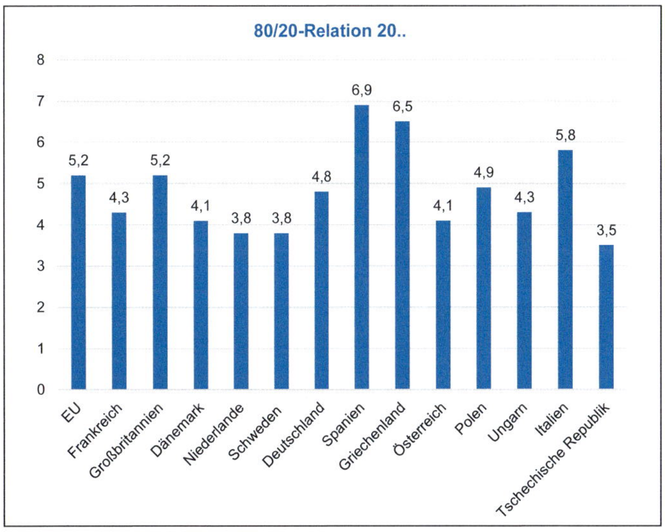

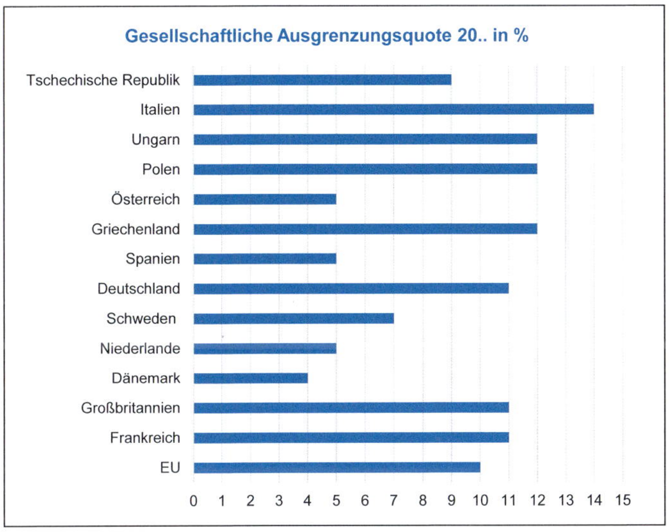

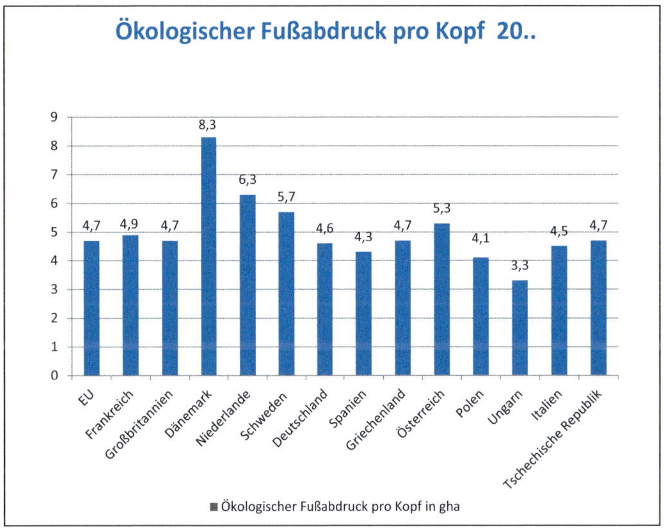

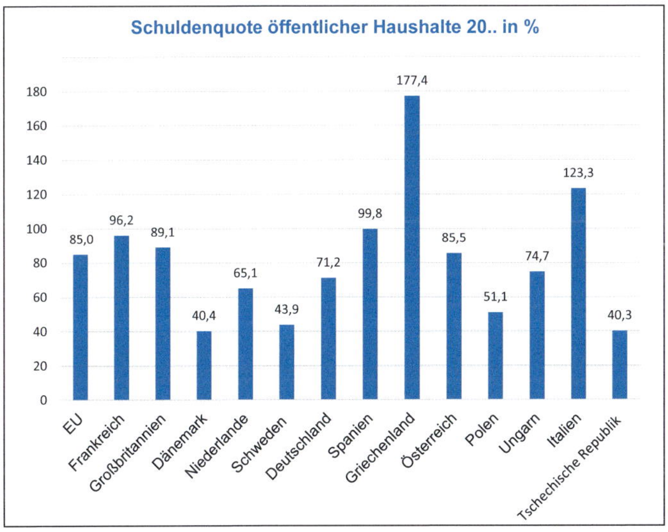

Schulbuch Kap. 7.1.3.1 + 7.1.3.2

4 Wirtschaftliche Schwankungen beschreiben und analysieren

Situation:

Konjunkturkrise: Voll erwischt

Der deutschen Wirtschaft geht die Luft aus. Schon nächstes Jahr könnte die Arbeitslosigkeit wieder steigen. Wie andere europäische Länder denkt auch die Regierung in Berlin an Gegenmaßnahmen.

FRANKFURT/BERLIN. Tatsächlich haben die jüngsten Konjunkturindikatoren die Bundesregierung in Alarmbereitschaft versetzt. Einige vorlaufende Indikatoren, wie die Zahl der Auftragseingänge in der Industrie, haben sich zuletzt schlecht entwickelt. Der Bundeswirtschaftsminister arbeitet mit Hochdruck an einem Rettungspaket für die Konjunktur. Führende deutsche Ökonomen rechnen im kommenden Jahr mit einer deutlich schlechteren Wirtschaftslage. „Ich kann eine Rezession in Deutschland nicht mehr ausschließen", sagte der wissenschaftliche Direktor des Instituts für Makroökonomie und Konjunkturforschung (IMK). Auch der wichtigste deutsche Stimmungsindikator, der Ifo-Geschäftsklimaindex, war im Juli so stark gesunken wie seit Langem nicht mehr. Die führenden deutschen Wirtschaftsforschungsinstitute dürften in ihrer gemeinsamen Analyse, die sie in wenigen Wochen der Bundesregierung vorlegen werden, ihre bisherigen Prognosen nach unten korrigieren. In ihrer letzten gemeinsamen Prognose hatten sie noch einen Anstieg des Bruttoinlandsprodukts von 1,8 Prozent für das kommende Jahr vorausgesagt. „Das zu halten wird schwierig sein", sagte der Konjunkturchef des Kieler Instituts für Weltwirtschaft (IfW). Nicht nur sein Haus rechnet derzeit nur noch mit einem Plus von 0,5 Prozent. Auch die Arbeitsmarktprognose, die eng an die BIP-Entwicklung gekoppelt ist, dürfte schlechter ausfallen als bislang angenommen, kündigt das IMK an: „Die Beschäftigung wird stagnieren, wenn nicht sogar zurückgehen." In der letzten Gemeinschaftsprognose gingen die Institute, zu denen auch das IfW sowie das IMK zählen, noch davon aus, dass die Zahl der Erwerbstätigen im kommenden Jahr weiter steigen und die Zahl der Arbeitslosen zurückgehen werde.

Quelle: In Anlehnung an: Handelsblatt Onlineausgabe [mehrere Jahrgänge].

Arbeitsaufträge:

1. Analysieren Sie obigen Zeitungsartikel anhand folgender Leitfragen:

   1.1 Wie wird sich das BIP gemäß Prognose des IfW im kommenden Jahr entwickeln?

   ____

   ____

   ____

   1.2 Aus welchen zwei Gründen sehen sich die Konjunkturforscher gezwungen, ihre Prognose zu korrigieren?

   ____

   ____

   ____

   1.3 Welche Folgen hat die Konjunkturprognose für den Arbeitsmarkt?

   ____

   ____

   ____

2. Informieren Sie sich in Ihrem Schulbuch über die Konjunkurphasen und veranschaulichen Sie den Konjunkturzyklus, indem Sie das folgende Schaubild beschriften.

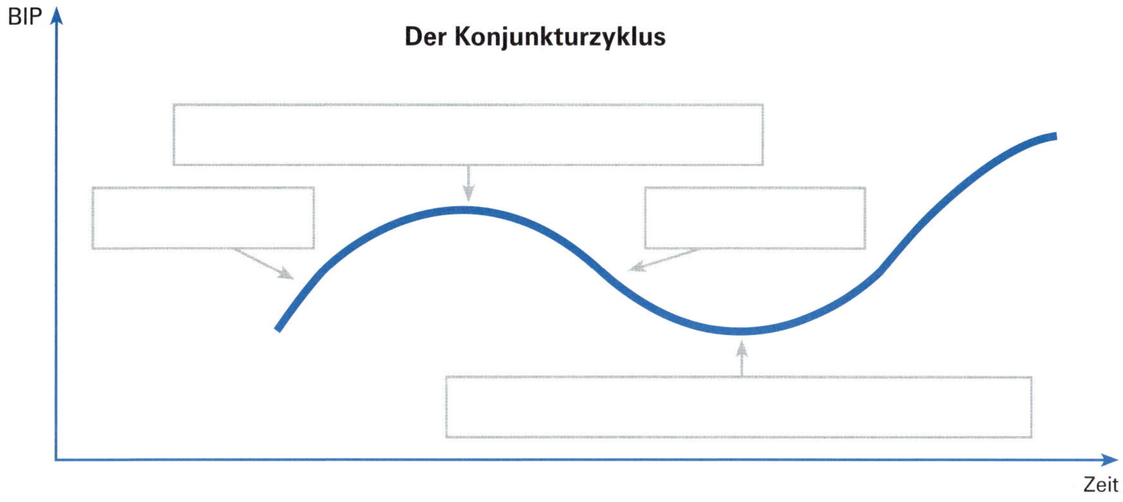

3. Beschreiben Sie die Situation in den einzelnen Konjunkturphasen anhand der nachfolgenden Merkmale, indem Sie folgende Zahlen bzw. Begriffe verwenden:

① = steigt
② = hoch
③ = sinkt
④ = niedrig
⑤ = pessimistisch
⑥ = optimistisch
⑦ = zu Beginn optimistisch, später eher pessimistisch

Merkmale	Aufschwung	Hochkonjunktur	Abschwung	Talsohle (u. U. Depression)
Güternachfrage				
Produktion				
Kapazitätsauslastung				
Investitionsneigung				
Konsumneigung				
Sparneigung				
Arbeitslosigkeit (konjunkturell)				
Preisniveau				
Zinsniveau				
Zukunftserwartungen				
Einkommen				
Gewinne				

4. Prüfen Sie, um welche Konjunkturphase es sich im Folgenden handelt. Falls es sich um keine korrekte Beschreibung einer Konjunkturphase handeln sollte, machen Sie dies ebenso deutlich.

Phase	

- Nachfrage < als Produktionskapazität
- Nachfrage und Produktion sinken
- Arbeitslosenquote steigt
- Gewinne und Einkommen sinken
- Preise und Zinsen fallen
- pessimistische Zukunftserwartungen

Phase	

- Nachfrage > Angebot
- Nachfrage und Produktion steigen
- Arbeitslosenquote sinkt leicht
- Gewinne und Einkommen steigen leicht
- Preise und Zinsen steigen leicht an
- optimistische Zukunftserwartungen

Phase	

- Nachfrage < als Produktionskapazität
- Nachfrage und Produktion sinken
- Arbeitslosenquote steigt
- Gewinne und Einkommen sinken
- Preise und Zinsen fallen
- zu Beginn optimistische, später eher pessimistische Zukunftserwartungen

Phase	

- Nachfrage < Angebot
- Nachfrage und Produktion sehr niedrig
- Arbeitslosenquote nimmt stark zu
- Gewinne und Einkommen sehr hoch
- Preise und Zinsen sehr niedrig
- sehr pessimistische Zukunftserwartungen

5. Nehmen Sie an, das reale BIP einer Volkswirtschaft hat sich im Berichtsjahr in den einzelnen Quartalen im Vergleich zu den Vorjahresquartalen wie folgt verändert (siehe nebenstehende Tabelle).

Ermitteln Sie, um wie viel Prozent sich das BIP im Berichtsjahr im Vergleich zum Vorjahr insgesamt verändert hat.

Berichtsjahr	
1. Quartal	+ 1,8 %
2. Quartal	+ 1,6 %
3. Quartal	+ 1,2 %
4. Quartal	+ 1,0 %

Wirtschaftswachstum im Berichtsjahr insgesamt	

6. Entscheiden Sie, um welche Konjunkturindikatoren es sich im Folgenden handelt.

① = Frühindikator ② = Präsenzindikator ③ = Spätindikator

A	Arbeitslosenquote	
B	reales Bruttoinlandsprodukt	
C	Auftragseingänge in der Industrie	
D	Zahl der Insolvenzen	
E	Baugenehmigungen im Hochbau	
F	Inflationsrate	
G	Geschäftsklimaindex	
H	Kapazitätsauslastung in der Industrie	

7. Die wohl wichtigste Umfrage ist der Geschäftsklimaindex des Münchner Ifo-Institutes. Jeden Monat werden dafür 7000 deutsche Unternehmen befragt, wie sie ihre aktuelle Lage und die Erwartungen für die kommenden Monate einschätzen. Die Unternehmen beurteilen dabei ihre aktuelle Geschäftslage in den Kategorien „gut", „befriedigend" oder „schlecht" und ihre zukünftigen Erwartungen in „besser", „gleich" und „schlechter".

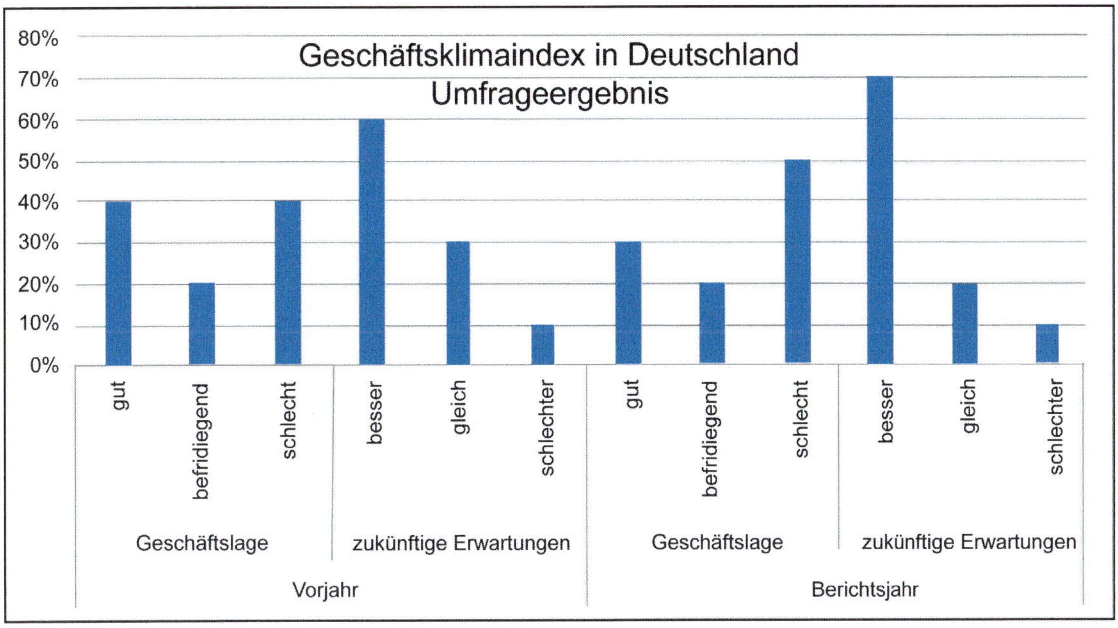

7.1 Prüfen Sie anhand der Grafik, ob sich die Erwartungen der Unternehmen bezüglich der Geschäftslage im Berichtsjahr erfüllt haben.

7.2 Arbeiten Sie aus der vorstehenden Grafik heraus, welche wirtschaftliche Entwicklung sich für das Folgejahr prognostizieren lässt.

8. Nehmen Sie an, die Wirtschaft würde sich in einer tiefen Talsohle befinden. Entscheiden Sie, welche Faktoren einen Konjunkturaufschwung auslösen könnten.

A	Steigende Konsumgüternachfrage der privaten Haushalte	
B	Pessimistische Zukunftserwartungen der Wirtschaftsteilnehmer	
C	Positive politische Ereignisse, wie z. B. der Abschluss von Friedensverträgen	
D	Sinkende Investitionsgüternachfrage der Unternehmen	
E	Sinkende Konsumgüternachfrage aus dem Ausland	
F	Steigende Investitionsgüternachfrage aus dem Ausland	
G	Positive Entwicklung des Geschäftsklimas	
H	Negative politische Ereignisse, wie z. B. Terroranschläge	

9. Prüfen Sie, in welchen Fällen sich die Ulmer Büromöbel AG betriebswirtschaftlich sinnvoll verhält.

A	Die Wirtschaft hat die untere Talsohle erreicht. Die Ulmer Büromöbel AG baut Überstunden ab und richtet sich auf betriebsbedingte Kündigungen ein.	
B	Die Auftragseingänge sind in den letzten vier Wochen stark gestiegen. Die Abschwungphase scheint überwunden. Da die Zahl der Mitarbeiter nicht ausreicht, die Aufträge fristgerecht zu bearbeiten, fragt die Ulmer Büromöbel AG verstärkt Leiharbeitnehmer nach.	
C	Die Wirtschaft steuert auf eine ausgeprägte Rezession zu. Auch die Büromöbelbranche scheint stark betroffen. Die Ulmer Büromöbel AG produziert weiterhin große Mengen, um im Fall der Fälle lieferbereit zu sein.	

10. Entscheiden Sie, welche Merkmale einen wirtschaftlichen Abschwung kennzeichnen.

A	Die Nachfrage auf den Gütermärkten nimmt zu.	
B	Überstunden werden abgebaut und betriebsbedingte Kündigungen nehmen zu.	
C	Die Kapazitätsauslastung ist auf einem recht hohen Niveau.	
D	Die Kreditnachfrage der privaten Haushalte und Unternehmen nimmt zu.	

Schulbuch Kap. 7.1.3.3

5 Konjunkturpolitische Maßnahmen erläutern

Situation:

Masse allein macht´s nicht

Die Bundesregierung will die Rezession mit viel Geld bekämpfen.

Das Konjunkturpaket der Bundesregierung, das die Große Koalition beschlossen hat, beeindruckt durch seine Ausmaße: Es ist mit 50 Milliarden Euro das größte Konjunkturprogramm der Nachkriegszeit. Der Preis ist nicht zu hoch. Kleine Konjunkturprogramme verpuffen leicht. Wer Wirkung will, muss viel Geld in die Hand nehmen; Barack Obama machte es in den USA mit seinem 1,2-Billionen-Dollar-Antikrisenprogramm vor. Doch schiere Masse reicht nicht aus, um eine Rezession wirklich zu bremsen. Zielgerichtet muss ein Rettungspaket sein, damit es hilft, und es muss zum rechten Zeitpunkt kommen. Je früher staatliche Hilfen beschlossen werden und je schneller sie umgesetzt werden und wirken, desto besser. Leider ist die Regierung in diesem Fall spät dran. Sie hat sich lange dagegen gewehrt, die taumelnde Wirtschaft mit staatlichem Geld zu stützen. Viel hängt deshalb davon ab, dass die jetzt beschlossenen Maßnahmen schnell greifen.

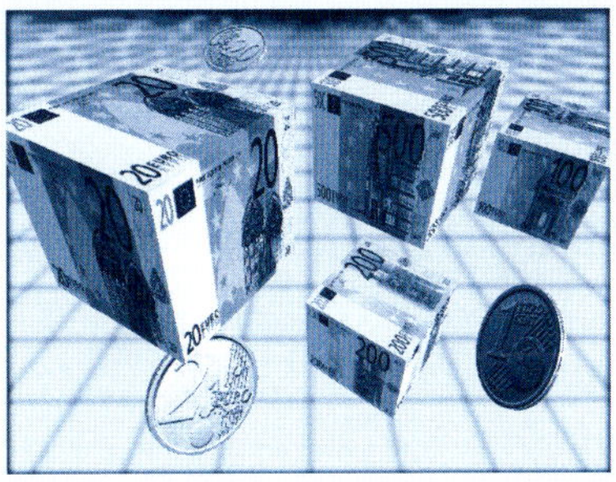

Doch das wird kaum klappen: Die beschlossenen Steuersenkungen sollen erst in der zweiten Jahreshälfte zu geltendem Recht werden. Wie genau die Einkommensteuertarife sich ändern werden, ist noch nicht bekannt. Doch heißt es, dass alle Einkommensgruppen profitieren sollen, die unteren wie die oberen. Ein typischer politischer Kompromiss. Die geplanten Investitionen in Bildung, Internet und Verkehr brauchen noch länger, um zu wirken. Denn öffentliche Bauprojekte zu planen, auszuschreiben und zu vergeben kostet Zeit. Aber sie sind wichtig: Geld, das in Schienen, Straßen und schnelles Internet fließt, ist langfristig gut angelegt. Zwar kommt es zunächst vor allem der Baubranche zugute, doch auf lange Sicht erleichtern die Vorhaben es allen Unternehmen, sich auszutauschen, Waren und Dienste zu transportieren und untereinander zu kommunizieren. Das gibt der ganzen Wirtschaft einen Schub.

Quelle: In Anlehnung an: Zeit Online vom 20.01.2009 [Zugriff 27.05.2019].

Arbeitsaufträge:

1. Arbeiten Sie aus obigem Zeitungsartikel heraus, welche konkreten Maßnahmen ergriffen werden sollen, um die Rezession zu bekämpfen.

____

____

____

____

2. Prüfen Sie, welchem wirtschaftspolitischen Instrument die unter Arbeitsauftrag 1 aufgeführten Maßnahmen zugeordnet werden können.

____

____

____

____

3. Informieren Sie sich in Ihrem Schulbuch über konjunkturpolitische Maßnahmen. Veranschaulichen Sie die Möglichkeiten der antizyklischen Fiskalpolitik, indem Sie folgendes Schaubild ergänzen.

	Antizyklische Fiskalpolitik	
Konjunkturphase	Abschwung	Aufschwung
Private Nachfrage		
Konjunkturpolitische Maßnahmen		
Ziel		

4. Den Regierungen fällt es in guten Zeiten augenscheinlich schwer, die Staatsausgaben zu senken oder die Steuern zu erhöhen. Begründen Sie, worauf dieses Verhalten zurückzuführen sein könnte.

____

____

____

____

5. Aufgrund einer drohenden Rezession beschließt die Regierung einer Volkswirtschaft, die Konjunktur durch nachfrageorientierte Konjunkturpolitik in Höhe von 80 Mrd. EUR zu unterstützen. Es wird darüber nachgedacht, entweder die Infrastruktur auszubauen oder die Einkommensteuer zu senken. Die durchschnittliche Konsumquote liegt bei 60 %. Unterbreiten Sie einen begründeten Vorschlag, welche Alternative Sie vorziehen würden.

____

____

____

6. Entscheiden Sie, ob folgende Aussagen zur nachfrageorientierten Konjunkturpolitik richtig oder falsch sind.

① = richtig
⑨ = falsch

A	Die nachfrageorientierte Konjunkturpolitik verlangt, dass der Staat bei konjunkturellen Schwankungen dem Konjunkturverlauf entgegengerichtet handelt (antizyklische Fiskalpolitik).	
B	Sind die Einnahmen des Staates höher als seine Ausgaben, spricht man vom sogenannten Haushaltsdefizit.	
C	Die gesamtwirtschaftliche Nachfrage setzt sich aus den Konsumausgaben der privaten Haushalte, den Investitionsausgaben der Unternehmen, den Staatsausgaben und dem Außenbeitrag zusammen.	
D	Plant man im Rahmen der nachfrageorientierten Konjunkturpolitik die Einkommensteuer zu senken, so ist es sinnvoll, die mittleren und höheren Einkommen stärker zu entlasten als die niedrigeren Einkommen, da so der Effekt auf die gesamtwirtschaftliche Nachfrage stärker ist.	

6 Verbraucherpreisindex ermitteln und Inflationsrate erläutern

Schulbuch Kap. 7.1.4

Situation:

Betrachten Sie zunächst das folgende Schaubild zu den Verbraucherpreisen in Deutschland.

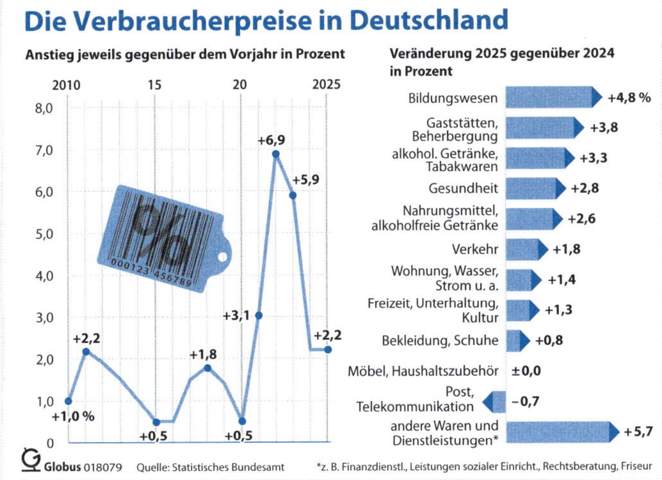

Arbeitsaufträge:

1. Analysieren Sie obige Grafik, indem Sie die wesentlichen Informationen herausarbeiten.

2. Nehmen Sie an, ein fiktiver Warenkorb würde nur die Güter A, B und C enthalten. Für das aktuelle Jahr (Berichtsjahr 1) sind vom Statistischen Bundesamt folgende Preise ermittelt worden: Gut A kostet 5,60 EUR je kg und ist damit im Vergleich zum Basisjahr um 2,10 EUR teurer. Für Gut B sind je kg 6,50 EUR zu veranschlagen. Damit ist ein kg Gut B 1,00 EUR teurer als im Basisjahr. Der Preis von Gut C beträgt je kg 4,50 EUR. Damit ist ein kg Gut C 1,50 EUR billiger als im Basisjahr. Im Basisjahr wurden je Haushalt 60 kg Gut A, 35 kg Gut B und 20 kg Gut C verbraucht. Informieren Sie sich zunächst in Ihrem Schulbuch über den Verbraucherpreisindex.

2.1 Ermitteln Sie den Verbraucherpreisindex (VPI) für das Berichtsjahr 1.

VPI Berichtsjahr 1	

Güter	Preis in EUR pro kg		Verbrauch je Jahr in kg	Wert des Warenkorbs bei konstanten Mengen	
	Basisjahr p_0	Berichtsjahr 1 $p_{Berichtsjahr\ 1}$	q_0	Basisjahr $(p_0 \cdot q_0)$	Berichtsjahr 1 $(p_{Berichtsjahr\ 1} \cdot q_0)$
A					
B					
C					
			Summe		

2.2 Interpretieren Sie den unter Arbeitsauftrag 2.1 ermittelten Wert für den Verbraucherpreisindex.

____

____

____

2.3 Für das Folgejahr (Berichtsjahr 2) sind vom Statistischen Bundesamt folgende Preise je Kilogramm ermittelt worden: Gut A: 6,00 EUR, Gut B: 7,00 EUR und Gut C: 4,60 EUR.

2.3.1 Ermitteln Sie den Verbraucherpreisindex für das Berichtsjahr 2.

VPI Berichtsjahr 2	

Güter	**Preis in EUR pro kg**		**Verbrauch je Jahr in kg**	**Wert des Warenkorbs bei konstanten Mengen**	
	Basisjahr p_0	**Berichtsjahr 2** $p_{Berichtsjahr\ 2}$	q_0	**Basisjahr** $(p_0 \cdot q_0)$	**Berichtsjahr 2** $(p_{Berichtsjahr\ 2} \cdot q_0)$
A					
B					
C					
			Summe		

2.3.2 Berechnen Sie, um wie viel Prozent die Preise im Berichtsjahr 2 im Vergleich zum Vorjahr (Berichtsjahr 1) gestiegen sind.

Inflationsrate Berichtsjahr 2	

3. Begründen Sie, warum es bei der Ermittlung des Verbraucherpreisindexes notwendig ist, einheitliche Verbrauchsmengen (hier: Verbrauchsmengen des Basisjahres) zugrunde zu legen.

____

____

____

4. Nehmen Sie Stellung zu der Aussage: „Einkommenserhöhungen haben immer einen steigenden Lebensstandard zur Folge!"

____

____

____

5. Ermitteln Sie anhand unten stehender Daten folgende Kennzahlen:

VPI Jahr 6		Inflationsrate Jahr 3		Inflationsrate Jahr 4	

Verbraucherpreisindex: Jahr 1 = Basisjahr

Jahr	1	2	3	4	5	6	7	8
VPI	100,0	105,10	109,80	112,80	114,80	116,50	118,60	120,00

6. Analysieren Sie die folgende Grafik zur Gewichtung verschiedener Ausgabegruppen im Verbraucherpreisindex. Erläutern Sie, welche Informationen sich zum Verbraucherpreisindex (VPI) entnehmen lassen.

Gewichtung verschiedener Ausgabengruppen im Verbraucherpreisindex für Deutschland

Basisjahr 2020

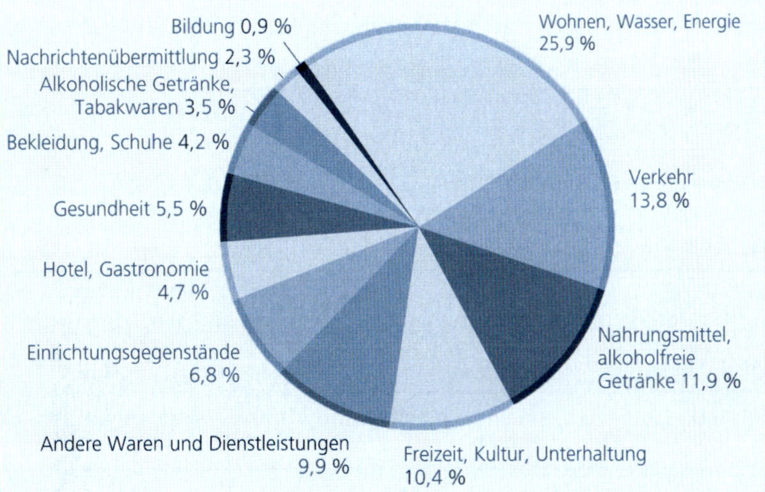

Quelle: www.bundesbank.de

7. Begründen Sie, warum die Zusammensetzung des obigen Warenkorbs etwa alle 5 Jahre geändert wird.

8. Steigende Inflationsraten können sowohl nachfrage- als auch angebotsbedingt sein.
   - Bei der **nachfragebedingten Inflation** wird die Preissteigerung durch eine **überhöhte Nachfrage im Verhältnis zum Güterangebot** ausgelöst.
   - Bei der **angebotsbedingten Inflation** wird die Preissteigerung durch **überhöhte Kosten** bzw. aufgrund von **überhöhtem Gewinnstreben marktbeherrschender Unternehmen** ausgelöst.

   Bestimmen Sie in folgenden Fällen, um welche Inflationsart es sich handelt.

   Ordnen Sie zu:

   ① = nachfragebedingte Inflation

   ② = angebotsbedingte Inflation

   ③ = keine Zuordnung

A	Die Konsumquote der privaten Haushalte ist im Vergleich zum Vorjahr gestiegen.	
B	Die Gewerkschaften setzen in den Tarifverhandlungen enorme Lohnerhöhungen durch. Die Unternehmen erhöhen nun die Preise, um die gestiegenen Kosten zu decken.	
C	Die Bundesregierung beschließt umfangreiche Steuersenkungen, die insbesondere privaten Haushalten mit mittleren und kleinen Einkommen zugutekommen.	
D	Die Bundesregierung beschließt, die Staatsausgaben im Vergleich zum Vorjahr um 10 % zu senken.	
E	Aufgrund der guten Auftragslage tätigen viele Unternehmen Erweiterungsinvestitionen.	
F	Produkte „Made in Germany“ sind aufgrund ihrer Qualität im Ausland sehr gefragt. Daher sind die Exporte im Vergleich zum Vorjahr um 10 % gestiegen.	
G	Die Sparquote der privaten Haushalte ist im Vergleich zum Vorjahr gestiegen.	
H	Aufgrund ihrer starken Marktposition erhöhen die Mineralölkonzerne die Preise, um ihre Gewinne zu steigern.	
I	Die ausländischen Rohstofflieferanten erhöhen die Preise. Die deutschen Abnehmer erhöhen ebenfalls die Preise, um ihre gestiegenen Kosten zu decken.	

9. Prüfen Sie, welche Aussagen über die Auswirkungen hoher Inflationsraten richtig sind. Kreuzen Sie an.

A	Die Kaufkraft des Geldes sinkt.	
B	Die Sparvermögen verlieren an Wert.	
C	Schuldner sind bei einer Inflation im Nachteil.	
D	Inflation löst eine Flucht in Sachwerte, z. B. Immobilien, aus.	
E	Die Exporte ins Ausland nehmen zu.	
F	Soziale Gruppen, die nicht von starken Interessengruppen vertreten werden, hinken hinter der allgemeinen Preisentwicklung hinterher.	
G	Das reale Bruttoinlandsprodukt steigt.	

Schulbuch Kap. 7.1.6

7 Außenwirtschaftliches Gleichgewicht analysieren

Situation:

Im Jahr 2023 wurden weltweit Waren im Wert von 23,6 Billionen Dollar exportiert. Betrachten Sie zunächst die nebenstehende Grafik zum Welthandel.

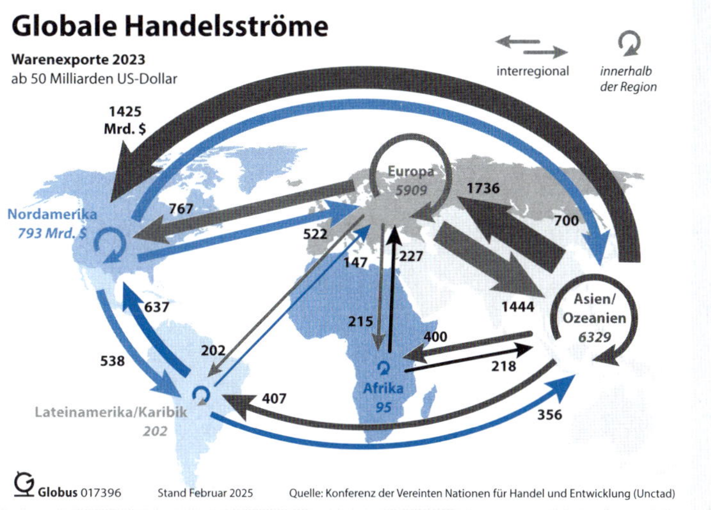

Arbeitsaufträge:

1. Analysieren Sie obige Grafik, indem Sie nachfolgende Arbeitsaufträge bearbeiten.

   1.1 Beschreiben Sie, welche grundlegenden Informationen im Schaubild enthalten sind.

   ____

   ____

   ____

   1.2 Erstellen Sie die Handelsbilanz Europas, in der die Exporte den Importen gegenübergestellt werden. Ermitteln Sie, ob es sich um einen Handelsbilanzüberschuss oder ein Handelsbilanzdefizit handelt.

Exporte in Mrd. US-Dollar	Importe in Mrd. US-Dollar
Gesamt:	Gesamt:

Es handelt sich um ______________________ in Höhe von ______ Mrd. US-Dollar.

1.3 Ermitteln Sie das Volumen (in Mrd. US-Dollar) des intraregionalen Warenhandels in Europa.

1.4 Berechnen Sie den Anteil des intraregionalen Handels der europäischen Länder an den gesamten Warenexporten Europas.

1.5 Nennen Sie die beiden Regionen, die Europas Haupthandelspartner sind.

1.6 Begründen Sie, warum das Handelsvolumen mit Afrika relativ niedrig ist.

2. Analysieren Sie die folgende Grafik, indem Sie nachfolgende Aufgaben bearbeiten.

2.1 Nennen Sie zwei für Sie besonders bemerkenswerte Informationen.

2.2 Ermitteln Sie, welchen prozentualen Anteil der Export nach Frankreich am Gesamtexport Deutschlands hat.

2.3 Nennen Sie die Länder, aus welchen mehr importiert als exportiert wird.

____

2.4 Ermitteln Sie Deutschlands Gesamtexporte und -importe in Mrd. EUR.

2.5 Ermitteln Sie den Handelsbilanzüberschuss bzw. das Handelsbilanzdefizit.

____

2.6 Begründen Sie, ob die Handelsbilanz zwischen Deutschland und den USA aus deutscher Sicht ausgeglichen ist.

____

____

____

3. Informieren Sie sich in Ihrem Schulbuch über die Zahlungsbilanz und vervollständigen Sie das Schaubild „Teilbilanzen der Zahlungsbilanz“ (Material 1 auf S. 199).

4. Analysieren Sie unten stehende Grafik, indem Sie folgende Arbeitsaufträge bearbeiten.

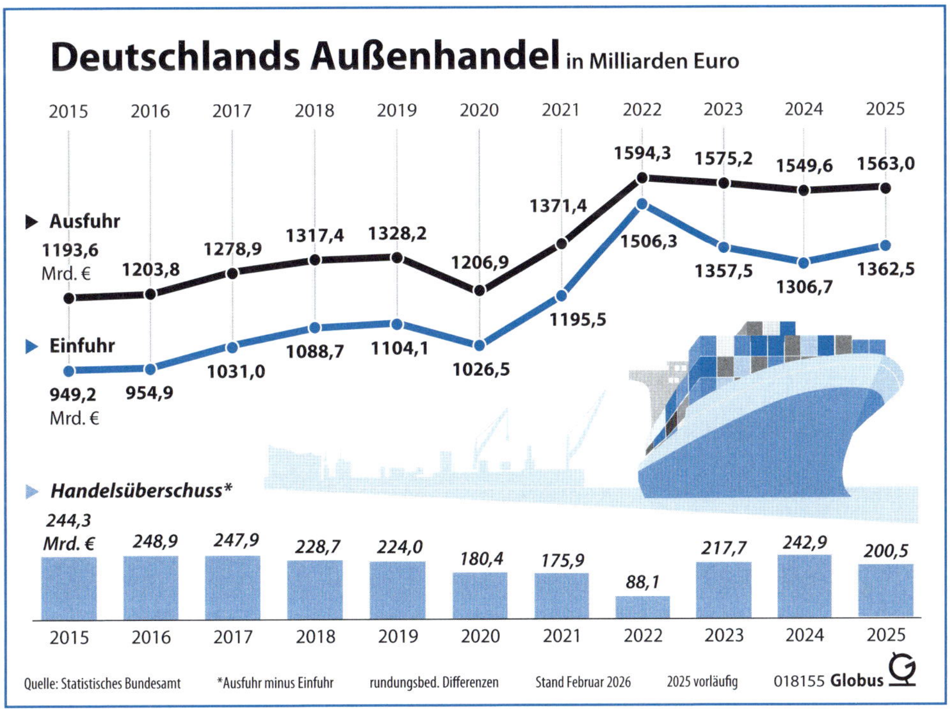

4.1 Beschreiben Sie, welche grundlegenden Informationen im Schaubild enthalten sind.

____

____

____

4.2 Ermitteln Sie den Handelsüberschuss im Jahr 2025.

4.3 Prüfen Sie, in welchem Jahr der höchste Handelsüberschuss zu verzeichnen war.

4.4 Das Corona-Jahr 2020 hat auch Deutschlands Außenhandel stark getroffen. Berechnen Sie, um wie viel Prozent der Handelsüberschuss 2020 im Vergleich zu 2019 gesunken ist.

4.5 Noch heftiger sind die Rückgänge im Zuge des Russland-Ukraine-Kriegs und der damit verbundenen Energiekrise. Berechnen Sie, um wie viel Prozent der Handelsbilanzüberschuss 2022 im Vergleich zu 2021 gesunken ist.

4.6 Ermitteln Sie, in welchem Jahr die größte Exportsteigerung im Vergleich zum Vorjahr zu verzeichnen war.

4.7 Vor der Corona-Pandemie sind die deutschen Exporte zwischen 2009 und 2019 kontinuierlich gestiegen. Berechnen Sie, um wie viel Prozent die Exporte in diesem Zeitraum gestiegen sind.

Material 1: Zahlungsbilanz

Die Teilbilanzen der Zahlungsbilanz

Leistungsbilanz

A	Außenhandel P
Einnahmen aus ______ ______	______ für Warenimporte

A	Dienstleistungen P
______ aus Dienstleistungsexporten	Ausgaben für ______ ______

A	Primäreinkommen P
______ aus Erwerbstätigkeit und Vermögen der Inländer im ______	Ausgaben für ______ ______ und Vermögen der ______ im Inland

A	Sekundäreinkommen P
______ Leistungen aus dem Ausland (Einnahmen)	regelmäßige Leistungen an das ______ (Ausgaben)

Vermögensänderungsbilanz

A	Vermögensänderungsbilanz P
einmalige Leistungen ______ dem ______ (Einnahmen)	______ Leistungen an das ______ (Ausgaben)

Kapitalbilanz

Gegenkonto

A	Kapitalbilanz P
Ausgaben für ______ oder Dienstleistungsimporte u. a.	______ aus Waren- oder Dienstleistungsexporten u. a.

Saldo der statistisch nicht aufgliederbaren Transaktionen

A	Saldo der stat. nicht aufgl. Transaktionen P
Einnahmen aus Geschäften, die unterhalb der ______ liegen	______ für Geschäfte, die unterhalb der Meldegrenze liegen

Notizen